Für
Charlotte und Petra

Jenseitsforschung

Gespräche mit einer Großnichte

Peter Lutz

Impressum

Bibliografische Information der Deutschen Nationalbibliothek:
Die Deutsche Nationalbibliothek verzeichnet diese Publikation in der Deutschen Nationalbibliografie; detaillierte bibliografische Daten sind im Internet über http://dnb.dnb.de abrufbar.

© 2020 Peter Lutz

Herstellung und Verlag: BoD – Books on Demand, Norderstedt

ISBN: 978-3-7504-3057-0

Zum Autor

Peter Lutz wurde am 03.12.1948 in Sinn/Dillkreis geboren. Er machte 1969 an der Liebigschule Gießen das Abitur.

Nach 2 Jahren Bundeswehr von 1971 bis 1973 studierte er Pädagogik für Sekundarstufe 2 an der Goethe-Universität Frankfurt/Main mit den Fächern Physik, Klassische Philologie und Kunstwissenschaften.

Von 1973 bis 1986 studierte er anschließend Medizin an der Gutenberg-Universität Mainz. Während des Medizinstudiums arbeitete er, zur Finanzierung dieses Zweitstudiums von 1973 bis 1981 als Assistent in der psychologischen Praxis Christina Goldsche in Darmstadt. Gleichzeitig arbeitete er von 1973 bis 1986 als Pflegehelfer im Nachtdienst auf einer inneren Station des Alice Hospitals Darmstadt. Seit Ende des Medizinstudiums ist er als selbständiger Notarzt im Rettungsdienst bei verschiedenen Organisationen in Deutschland tätig.

Seit 1992 unterrichtet er Notärzte und Rettungsassistenten in Wiederbelebungsmaßnahmen (Reanimations-Training, Megacode-Training).

2001 bekam er einen Lehrauftrag zur Aus- und Fortbildung von Rettungssanitätern und Rettungsassistenten an der Rettungsassistentenschule des Aus- und Weiterbildungszentrums Mainz des ASB-Landesverbandes Rheinland-Pfalz.

Am 01.01.2005 folgte dort eine Berufung zum Leitenden Schularzt und Prüfungsarzt.

Inhaltsverzeichnis

Vorstellung der Forschungsgebiete über das Jenseits.
Ewige Existenz der Seele im Diesseits und Jenseits.
Aufteilung des Jenseits in Sphären zur Trennung der Seelen.
Reinkarnation und Sinn des Diesseits.
Erlernen der Liebe durch die Fähigkeit zur freien Entscheidung.

Monistischer Idealismus der Antike und des Mittelalters.
Monistischer Materialismus der Neuzeit durch die klassische Physik.
Rückkehr zum monistischen Idealismus durch die Quantenphysik.

Hölle, Teufel und Trennung der Sphären.
Auswirkung des Wissens über das Jenseits auf die Psyche.
Überlegungen zur Selbstliebe.

Forschungen zum historischen Jesus im zwanzigsten Jahrhundert.

Vorwort

Durch das Medizinstudium, durch meine pflegerische Tätigkeit, durch meine Arbeit als Assistent in einer psychologischen Praxis und vor allem durch meine anschließende Tätigkeit als Notarzt im Rettungsdienst wurde ich sehr früh mit dem Tod und dem Sterben konfrontiert.

Schon während des Medizinstudiums begann ich mich daher ab 1977 für die Forschungen Dr. Raymond Moodys über Nahtod-Erfahrungen von reanimierten Patienten in USA zu interessieren. Seine Studien, die er in drei Büchern veröffentlichte, überzeugten mich schon damals. Dann kam ich über eine Kollegin in Kontakt mit einem Patienten, der eine eigene Nahtod-Erfahrung gehabt hatte. Ich konnte ihn davon überzeugen bei meinem ersten Vortrag über dieses Thema vor Notärzten, von seinem Erlebnis zu erzählen. Seitdem, also in den letzten 40 Jahren, ist die Forschung auf diesem Gebiet und anderen Gebieten, die sich mit dem Jenseits beschäftigen, weltweit vorangetrieben worden, sodass es jetzt keinen Zweifel mehr darüber gibt, daß es ein Leben nach dem Tod gibt.

Da ich es für dringend notwendig halte, dass dieses Wissen sich verbreitet, führe ich seit Jahrzehnten Gespräche mit Hinterbliebenen von erfolglos reanimierten Patienten über den Stand der Wissenschaft auf diesem Gebiet. Dabei lege ich jedes Mal großen Wert darauf, dass es sich nicht um eine religiöse Überzeugung handelt, sondern dass es um wissenschaftliche Forschung geht. Auch Rettungsassistenten und immer wieder Notarztkollegen informiere ich seit Jahren im Unterricht und in persönlichen Gesprächen über den Forschungsstand dieses Themas. Durch diese emotional meist sehr erfolgreichen Gespräche ermuntert, habe ich mich entschieden, auch öffentliche Vorträge über dieses Thema zu halten.

Beim Schreiben dieses Buchs bin ich mehr oder wenig zufällig auf die Form des Zwiegesprächs gestoßen. Es lag einfach nahe die über smsn gelaufenen Gespräche mit meiner Großnichte als Vorlage zu nutzen. Erst später wurde mir klar, daß solche Frage Antwort Gespräche eine uralte Tradition der Wissensübermittlung zwischen Schüler und Lehrer sind.

Die Upanischaden sind die Aufzeichnungen genau solcher Gespräche aus der vedischen Hochkultur. Dann, sehr viel später, die Gespräche die Sokrates, Platon und Aristoteles mit ihren Schülern geführt haben.

Der Sinn dieser Gespräche liegt natürlich auch darin, dass dem Schüler Wissen vermittelt wird. Das ist aber nicht das vorrangige Ziel. Der Sinn solcher Gespräche liegt vielmehr darin, dass der Schüler die Dinge in ihrem Wesen beginnt in sich selbst zu erkennen.

Solche Gespräche waren Gespräche mit nur einem Schüler. Der Schüler musste jung sein, also zwischen 14 und höchsten 18 Jahren, wenn die Gespräche begannen. In diesem Alter war er noch bereit neues unerwartetes Wissen anzunehmen. Und er musste die Gespräche von sich aus unbedingt wollen. Der Lehrer hat dann aufgrund seiner Erfahrungen entschieden ob es sinnvoll ist den Schüler zu akzeptieren.

Peter Lutz
Wanfried den 20.März 2019

Gespräche mit einer Großnichte über das Jenseits

Die Gespräche mit meiner Großnichte Charlotte liefen über das Internet mittels sms. Charlotte war zu diesem Zeitpunkt in New York im Rahmen ihres eineinhalb-jährigen Aufenthalts als Au-pair. Seit Ende 2018 studiert sie in England. Von dort kam es dann zu weiteren Gesprächen.

Ich habe diese Gespräche nachträglich nach Datum geordnet und niedergeschrieben. Außerdem habe ich meine damaligen Formulierungen an vielen Stellen verbessert und sehr persönliche Textstellen weggelassen.

Nachdem ich mit der Niederschrift der Gespräche fertig war, habe ich am Anfang des Textes auf Seite 3 eine Liste der Forschungsgebiete eingeschoben, aus denen ich mein Wissen erworben habe.

Erstes Gespräch am 7.6.2017

Den Anstoß für unsere Gespräche lieferte die Tatsache, dass Charlotte, von einem Reiki-Kurs berichtete, den sie zum ersten Mal besucht hatte. Dabei geht es darum mittels Berührungen zu heilen. Diesen Heilungsvorgang versucht man wissenschaftlich physikalisch durch Energieübertragung zu erklären.

Charlotte: Übrigens hatte ich ja meinen Reiki-Kurs. War sehr spannend! Echt total verrückt was da passiert. Alleine wie Energie erklärt wird, macht für mich absoluten Sinn.

Peter: Bin gespannt, was Du damit machst. Also wie Du es anwenden kannst. Soll ja auch zur Eigenanwendung möglich sein.

Charlotte: Es ist tatsächlich eher für die Eigenanwendung gedacht. Erst mal.

Peter: Ich finde es toll, dass Du Dich außerhalb des Mainstreams, zunehmend für neue Dinge interessierst und Dich dann selbständig darüber informierst und weiterbildest.
Bei mir hat dieses infrage stellen des Mainstream und meine Neugier in den letzten Jahrzehnten zu einem umfangreichen naturwissenschaftlichen Wissen über das Jenseits und das damit verbundene ewige Leben geführt.

Charlotte: Erzähl

Peter: Dieses Wissen hat zu einer grundsätzlichen Erweiterung und Veränderung meiner Einstellung zum Sinn des Lebens geführt.

Wichtig ist dabei, daß dieses Wissen wissenschaftlich begründet ist. Und nicht religiös. Erst diese wissenschaftliche Betrachtung hat diese ernsthafte Veränderung bewirkt.

Es ist dadurch bei mir eine fast völlige, besser grundsätzliche Gelassenheit gegenüber dem diesseitigen Leben entstanden.

Ich weiß jetzt warum wir hier sind und daß wir unsterblich sind. Und das weiß ich allein dadurch, dass ich mich mit den, überraschend umfangreichen Jenseitsforschungen der letzten Jahrzehnte, intensiv auseinandergesetzt habe.

Charlotte: Mir das zu erklären würde hier wahrscheinlich den Rahmen sprengen, oder? Mich würde das nämlich wirklich interessieren.

Peter: Das geht.
Um Dir eine sehr kurze Zusammenfassung meines Wissens über den momentanen Forschungsstand liefern zu können, werde ich jetzt erst mal jede Information über die Quellen meines Wissens weglassen. Wenn Du es dann genau wissen willst, kann ich Dir später auch die Quellen Nachweise liefern. In den meisten Fällen sind es Bücher der letzten vier Jahrzehnte von verschiedensten Autoren verfasst. Wenn ich

auch sehr absolut formulieren werde, heißt das nicht, dass weitere Forschungen in der Zukunft meine bisherigen Erkenntnisse in Teilbereichen korrigieren können.

Die Forschungen beziehen sich auf verschiedene Gebiete, die mit dem Jenseits zu tun haben.

Das wichtigste Gebiet sind die extrem umfangreichen Erforschungen der so genannten Nahtod-Erfahrungen nach Reanimationen. Sie liefern Informationen über das Jenseits und Gotteskontakte.

Das zweitwichtigste ist die Quantenphysik. Sie liefert einen plausiblen Erklärungsversuch, dass und wie das Jenseits mit dem Diesseits verknüpft ist.

Und das beides parallel funktioniert. Und sie liefert plausible Erklärungen wie die Seele mit dem Gehirn verbunden ist.

Und das drittwichtigste sind die Reinkarnationsforschungen, die Informationen liefern über den Sinn unseres Lebens im Diesseits.

Das überraschendste Ergebnis all dieser Forschungen vorneweg: Es gibt eine vom „sterblichen" Körper unabhängige Seele. Diese Seele ist unser Bewusstsein. Und dieses Bewusstsein, also unsere Seele ist unsterblich. Wir leben ewig. Dieses Bewusstsein ist das einzig reale.

Also nicht das materielle Diesseits ist die ausschließliche Realität, so wie es zurzeit, besser in den letzten dreihundert Jahren Mode ist zu glauben.

Das materielle Diesseits ist ein Sekundärphänomen und

Einschub

Forschungsgebiete die sich mit dem Jenseits befassen

1. *Nahtod-Erfahrungen.*
   Als eine Untergruppe davon: Erforschung der Gotteskontakte bei Nahtod-Erfahrungen.
2. *Nachtod-Kontakte.*
3. *Reinkarnationsforschung.*
4. *Erforschung vorgeburtlicher Lebensplanung mittels Rückführungsprotokollen.*
5. *Berichte aus dem Jenseits über sogenannte Medien.*
6. *Das Wissen über das Bewußtsein, das Jenseits, Reinkarnation und die Schöpfung aus den Schriften der vedischen Hochkultur Indiens.*
   Bhagavad Gita und die Upanischaden.
7. *Das Wissen über das Jenseits, Nahtod-Erfahrungen und Reinkarnation in der europäischen Philosophie und Geschichte.*
8. *Quantenphysik und Bewusstsein.*

Ferner:

9. *Wahrscheinlichkeitsrechnung und Kritiken an Darwins Evolutionstheorie.*
10. *Kritiken an der Organtransplantation.*
11. *Erfahrungsberichte und Theorien über die Existenz von Naturwesen*

16

---

entsteht erst durch unser Bewusstsein, das Bewusstsein aller anderen Seelen und ein zentrales Bewusstsein, das wir üblicherweise Gott nennen.

Diese eigentlich uralte Erkenntnis wurde durch die Entdeckungen der Quantenphysik jetzt endlich wissenschaftlich erklärbar.

Die Materie und damit verbunden das Diesseits ist zwar real vorhanden, aber sie entstehen als Folge unseres und Gottes Bewusstsein. Sie sind also eine abhängige Realität.

Es stellt sich die Frage, wenn das Bewusstsein die einzig unabhängig existierende Realität ist, was hat dann dieses materielle Diesseits für einen Sinn?

Das Diesseits dient durch seine scheinbar harte Realität dazu unseren Seelen die Möglichkeit zu geben sich zu verbessern oder unser Bewusstsein zu erweitern.

Verbessern heißt vor allem: Liebe zu erlernen. An diesem Punkt, stimmen diese rein wissenschaftlichen Erkenntnisse mit dem Christentum, aber auch mit anderen Religionen, überein. Das Leben im Diesseits muss zu diesem Zweck, sehr anstrengend sein.

Und die wichtigste Voraussetzung für die Möglichkeit sich im Diesseits verbessern zu können ist die Tatsache, dass wir völlig frei sein müssen in der Entscheidung für „Gut" oder „Böse". Diese freie Entscheidungsmöglichkeit und die Erkenntnis, dass es darum geht, die Liebe als den „richtigen" Weg zu erkennen, ist das „göttliche" in uns.

Liebe zu erlernen, kann nicht abstrakt, also rein theoretisch geschehen, sondern findet fast immer, direkt oder indirekt, in Verbindung mit dem Kontakt zu anderen Seelen statt.

Im Jenseits erholen wir uns dann. Das Jenseits ist überraschenderweise viel realer als das Diesseits, da es dort keine Behinderung durch die, die Realität einengende, Materie gibt. Dadurch ist alles auch sehr viel schöner, zumindest in dem Bereich in den die meisten Seelen kommen.

Entsprechend unseres erreichten Bewusstseinsgrades ähnelt das Jenseits äußerlich mehr oder weniger sehr dem Diesseits. Es gibt Natur, Landschaften und Städte. Und alles ist wunderschön. Auch darin stimmen die Ergebnisse der Forschung überein mit den Religionen, die von einem „Paradies" im Jenseits berichten.

Und auch unser jenseitiger „Körper" sieht unserem diesseitigen sehr ähnlich. Entsprechend dem Erkenntnisstand des Bewusstseins jeder einzelnen Seele kann dieser Körper mehr oder weniger makellos sein, da seine äußere

Erscheinung nicht mehr von der Materie des Diesseits und dadurch z.B. von Krankheiten abhängt.

Kurz gesagt: Je mehr wir die Liebe als Ziel erkannt haben und umgesetzt haben umso schöner werden wir im Jenseits. Unser Körper ist im Jenseits ein Abbild unserer seelischen Bewusstseins Stufe.

Ganz krass gesagt: Böse werden hässlich und gute werden schön, egal wie schön oder hässlich ihre diesseitigen materiellen Körper waren.

Man wird als „gute" Seele etwa so schön, wie man gewesen wäre, wenn man einen idealen Körper frei von Krankheiten gehabt hätte. Wenn man also mit 18 toll aussah wird man etwa wieder so toll aussehen wie mit 18 Jahren.

Die Seelen werden im Jenseits entsprechend ihrem Bewusstseinsgrad, also entsprechend ihrer im Diesseits erlernten Liebesfähigkeit voneinander getrennt. Das heißt es existieren verschiedene Bewusstseins-Sphären des Jenseits. Man wird entsprechend seiner Bewusstseins Entwicklung einer Sphäre zugeordnet. Wie das geschieht, darüber habe ich bisher leider nichts lesen können.

Man lebt dort ähnlich wie im Diesseits. Durch die Seelentrennung gibt es jedoch keine Streitigkeiten wie im Diesseits. Man ist sozusagen unter Seinesgleichen.

Die bösen Seelen, oder besser die Seelen, die sich „zu" häufig für das Böse entschieden haben, halten sich woanders, nämlich in einer abgegrenzten tieferen Sphäre auf. Das erinnert an die Höllen Vorstellungen der monotheistischen Religionen. Man kann diese angrenzenden tieferen Sphären besuchen auch um den dort lebenden Seelen zu vermitteln, dass sie aufsteigen können. Das ist aber sehr anstrengend und wohl auch unheimlich. Dagegen kann man die nächst höherer Sphäre nur schwierig besuchen. Man kann jedoch vom Grenzbereich aus hinübersehen.

Die dort lebenden Seelen sind „extrem lieb" also deutlich lieber und erfahrener als man selbst. Sie sind auch noch schöner. Sie kommen manchmal herunter in unsere Sphäre und beraten uns, so wie wir die Seelen der unteren Sphären besuchen und beraten können.

Man bekommt dann irgendwann den Antrieb sich noch mal zu verbessern um auch in die höheren Sphären zu gelangen. Dazu muß man jedoch wieder ins Diesseits reinkarnieren (direkt übersetzt: wieder ins Fleisch gehen).

Lust hat dazu keiner wirklich. Man tut es trotzdem nach einer gewissen Zeit im Jenseits, wenn man nicht schon in den höheren Sphären ist. Im Mittel ist man wohl ca. 40 Jahre im Jenseits. Das variiert aber sehr extrem. Bei gewaltsamem „Tod" zum Beispiel durch Mord, Krieg, Verkehrsunfall oder Naturkatastrophen kann man, da man nicht genügend Zeit hatte zu lernen und besser zu werden, „sofort" nach nur kurzem Aufenthalt im Jenseits, wieder ins Diesseits. Das erklärt übrigens das seltsame Phänomen, daß nach einem Krieg mehr Jungen geboren werden. Man kann aber auch sehr viel länger dortbleiben. Denn auch im Jenseits haben wir die freie Entscheidung.

Zur Entscheidungsfindung werden wir von erfahreneren Seelen auch aus höheren Sphären beraten. Es wird uns dabei von diesen Seelen nahegelegt wieder ins Diesseits zu gehen um weiter zu kommen.

Wenn man sich entschieden hat wieder hinüber zu gehen um sein Bewusstsein zu verbessern, werden die Kontakte mit anderen Seelen, die man im Diesseits haben wird, so abgesprochen, dass man sich gegenseitig helfen kann. Das wird sehr lange ausführlich besprochen und jeder gibt sein Einverständnis. Dabei legt man zum Beispiel seine Eltern fest. Auch die Kontakte zu Verwandten und Freunden, sofern man sich emotional mag und auf einer ähnlichen Erkenntnis Stufe ist, können abgesprochen und vereinbart werden, so dass man sich im Diesseits wieder trifft.

Wir lernen durch diese Kontakte im Diesseits dann bestimmte psychische Probleme zu bewältigen die unser Bewusstsein weiterbringen und die wir bis dahin noch nicht gelernt haben. Jeder lernt vom anderen.

Dabei sind die dazu geplanten Belastungen im Diesseits in etwa unserem Seelen Status angepasst. Zu hohe Belastungen können zu Selbstmord führen. Das ist nicht der Sinn. Auch dazu dient die Beratung durch erfahrenere Seelen. Man sollte sich nicht zu viel vornehmen. Der Belastungsplan wird also sehr genau besprochen.

Da aber wir selbst und die anderen Seelen, die wir im Diesseits treffen, immer frei in ihren Entscheidungen sind, kann auch alles schief gehen. Wir treffen ja nicht nur diejenigen die wir treffen wollen, sondern auch solche, die wir sicher nicht treffen wollen. Aber nur durch die Freiheit von allen kann sich der einzelne in seinem Bewusstsein weiterentwickeln. Wenn wir höhere Sphären erreichen, müssen wir immer seltener ins Diesseits. Dann machen wir es manchmal trotzdem. Aber nicht mehr um selbst besser zu werden, sondern um anderen im Diesseits weiter zu helfen.

Charlotte: Also bist Du quasi von Wiedergeburt und Karma überzeugt? So wie man es im klassischen Sinne kennt? Ähnlich den Buddhisten.

Peter: Es ist keine Überzeugung im Sinne von glauben.

Charlotte: Nein, das meine ich auch nicht so.

Peter: Ich rede von Wissenschaft.

Charlotte: Ja genau in dem Sinne meine ich es.

Peter: Das ist alles erforscht, Charlotte. Diese intensiven Forschungen haben 1975 durch systematische Dokumentationen von Nahtod-Erfahrungen nach Reanimationen mit Dr. Raymond Moody in den USA begonnen.

Charlotte: Ok

Peter: Das Endziel ist es, Gott so nahe wie möglich zu kommen.

Charlotte: Kann „Gott" unsere Wünsche erhören? So wie es die Christen sagen?

Peter: Darüber weiß ich zu wenig und ich kann nur mutmaßen. Das ist wahrscheinlich nicht das was er will. Wir haben die freie Entscheidung von ihm. Dieses Phänomen bringt uns nur dann weiter, wenn der Weg hart ist und unser Handeln knallharte Konsequenzen hat. Also nicht die problemlose leichte Erfüllung von Wünschen bringt uns weiter.

Charlotte: Können wir alles haben was wir wollen? also ist schon alles vorhanden und wir müssen es uns nur noch nehmen?

Peter: Nein oder besser Jain. Wir haben die freie Entscheidung. Wenn wir uns einfach nehmen was wir haben wollen, dann müssen wir uns für das „Böse" entscheiden und anderen Seelen wehtun.

Wir werden jedoch von meistens zwei Seelen aus dem Jenseits im Diesseits, man kann schon fast sagen „beschützt". Diese zwei begleitenden Seelen versuchen uns auf unserem selbst gewählten Weg der Verbesserung zu helfen. Sie senden uns Ideen aus dem Jenseits die uns in die „liebevolle" Richtung schubsen sollen. Klappt aber nicht immer, denn wir haben die freie Entscheidung. Wir müssen also nicht auf ihre Eingebungen hören.

Charlotte: Im Hinblick auf mein Leben: Welche Ratschläge

kannst Du für mich formulieren? Mit dem Wissen was Du hast.

Peter: Zum einen: Du erscheinst mir als eine relativ weit entwickelte Seele. Zum zweiten: Wir sollten uns diesmal im Diesseits treffen, da bin ich mir ganz sicher. Wir helfen uns nämlich zurzeit, ganz auffällig gegenseitig. Ich gebe Dir mein Wissen und Du gibst mir im Moment die Möglichkeit durch Deine Fragen ein Buch zu schreiben. Du hilfst mir sozusagen als Muse, mein Wissen exakt zu formulieren, denn ich will daß Du es verstehst. Zum dritten: Die Ratschläge gebe ich Dir ja gerade.

Charlotte: Stimmt. Aber tun wir nicht ständig anderen Seelen weh? Geht es überhaupt ohne Wehtun?

Peter: Es geht ohne Wehtun. Wenn man den Sinn kennt, kann man sich in jedem Augenblick lieb verhalten. Es geht dabei aber nicht um Unterwerfung unter böse Seelen. Man muß auch lernen mutig zu sein und sich zu verteidigen.

Charlotte: Das stelle ich mir so vor: In der Natur leben und nur Pflanzen essen. Denn alleine, wenn ich T-Shirts kaufen gehe, weiß ich, dass irgendwo im Prozess dessen Entstehung jemand schlecht behandelt wurde.

Peter: So kann man das auch sehen. Es geht wohl bei diesem Lernprozess jedoch mehr um die unmittelbaren Kontakte mit anderen Menschen. Dabei lernt man die Liebe am leichtesten. Besser gesagt, man lernt dabei am leichtesten liebevoll zu handeln, weil man, nachdem man sich in einen anderen hineinversetzt hat, ihn besser versteht, ihn deshalb liebt und dann wegen dieser Liebe zu ihm, sein Handeln ihm gegenüber liebevoll gestaltet.

Charlotte: Ok

Peter weiter: Aber jede Seele hat ihren eigenen Weg! Denn wir sind alle frei in der Entscheidung. Wenn man so will ist diese freie Entscheidungsmöglichkeit, wie schon gesagt, ein Teil des göttlichen in uns.

Charlotte: Wenn wir alle frei in unserer Entscheidung sind, dann kann ich mir aussuchen, wo mein Leben hin geht? Kann ich mir aussuchen wer mir über den Weg läuft? Und wer sich in mich verliebt?

Peter: Wer Dir über den Weg läuft kannst Du nur in der vorherigen Absprache im Jenseits versuchen festzulegen. Hier herrschen die Regeln der materiellen Welt. Ein Zusammentreffen im Diesseits ist also vor allem abhängig vom Zufall des materiellen Diesseits und der freien Entscheidungsmöglichkeit der anderen Seelen. Wenn Du zum Beispiel einem Selbstmordattentäter begegnest, war es materieller Zufall kombiniert mit dessen freier Entscheidung zum Bösen.

Charlotte: Ach so, Also ist mein Leben schon vorbestimmt. Zumindest zu einem gewissen Teil. Also soll ich quasi alles auf mich zukommen lassen? Weil es schon geplant ist? Und mit den Regeln der materiellen Welt zurechtkommen.

Peter: Das ist nur zum Teil richtig, denn Du musst dauernd bewusste aktive Entscheidungen fällen. Vorbestimmt ist nur Dein Ziel was Du dir im Jenseits gesetzt hast. Das zu erreichen, dazu bist Du hier. Ob Du es erreichst, oder wie viel davon, ist eine andere Sache.

Charlotte: Kann ich auch in eine höhere Sphäre kommen obwohl mein Ziel niedriger angesetzt war?

Peter: Das geht. Es kann passieren, dass Du weiterkommst als Du geplant hast.

Charlotte: Ok. Und meine aktiven bewussten Entscheidungen soll ich nach welchen Kriterien fällen? Sei lieb zu allen? Tu keinem weh?

Peter: Lieb sein zu allen (!) ist nicht ganz richtig. Du musst auch böse Seelen erkennen und Dich gegen sie zur Wehr setzen. Also keine völlige Unterwerfung. Sei lieb zu allen ist nur eingeschränkt richtig. Von Dir aus keinem seelisch oder körperlich wehtun, ist jedoch richtig.

Charlotte: Ok.

Sind das dann die einzigen Regeln? Die wichtigsten?

Peter: Ja. Das wichtigste ist wirklich die Liebe zu erlernen.

Charlotte: Hm, das ist schwer.

Peter: Zum Teil. Macht aber auch alles leichter.

Charlotte: Ja?

Peter: Seitdem ich das so genau weiß, versuche ich dauernd so zu handeln. Als Notarzt geht das relativ leicht. Aber hat mit dem Beruf trotzdem wenig zu tun. Eins kann ich sagen ein liebevolles Handeln macht glücklich. Es entstresst. Da man ewig lebt, ist es auch gar nicht so schwer.

Charlotte: Ich wüsste gerne was in den nächsten fünf Jahren passiert.

Peter: Was in den nächsten fünf Jahren passiert ist sicherlich spannend zu wissen. Aber Du lebst ewig und unter diesem Gesichtspunkt ist es dann nicht mehr so wichtig.

Charlotte: Ich glaube, dass ich in einer Hinsicht, ganz gut bin in dem Spiel: Ich war schon immer sehr intuitiv und hatte oft sehr klare Vorstellungen von Dingen. Davon kann man mich auch nicht abbringen. Zum Beispiel das Ding mit der Liebe. Weil das ja offensichtlich das wichtigste ist.

Ist es dumm, dass ich davon überzeugt war auf „den richtigen" zu warten? Als Jugendliche war ich nie an dem ganzen Kram Beziehung interessiert.

Peter: Mit Liebe ist weniger die diesseitige Liebe zwischen Liebespärchen oder Ehepartnern gemeint. Die Liebe in einer Beziehung ist nur ein Teil der Liebe, die unser Ziel im Diesseits (und im Jenseits) sein sollte. Sie ist nur ein Teil, aber nicht die wichtigste.

Charlotte: Das ist mir klar. Ich meinte das auch eher als ein Zeichen, dass ich mit Liebe bewusst umgehe und deswegen vielleicht schon länger im Spiel der Seelen mitspiele. Haha.

Peter: Das ist richtig.
Solche diesseitigen Beziehungen entstehen durch Verliebtheit, wenn man Glück hat. Das ist aber etwas anderes als Liebe im Sinne des seelischen Weiterkommens. Aus einer solchen Verliebtheit kann jedoch sehr wohl eine Liebe erwachsen, die der Liebe des seelischen Weiterkommens schon sehr ähnlich ist.

Charlotte: Macht Sinn.

Peter: Bei mir ist es jetzt 4 Uhr morgens und ich werde versuchen noch ein bisschen zu schlafen. Ich bin froh, daß wir so ein tolles Gespräch geführt haben.

Charlotte: Ich habe sehr oft das Gefühl, dass ich das hier alles möglichst schnell über die Bühne bringen will, weil ich weiß, dass was Besseres kommt. Ich habe ständig das Gefühl auf etwas zu warten. Kann es da eine Verbindung geben zu dem, was wir gerade besprochen haben?

Peter: Diese Verbindung ist möglich.

Charlotte: Und ist das ganze Wissen nicht irgendwie „Schummeln"?

Peter: Das verstehe ich nicht: „Und ist das ganze Wissen nicht irgendwie Schummeln?" Welches Wissen soll Schummeln sein?

Charlotte: Das ganze Wissen das wir erlangen über das „Spiel". Ist das nicht wie ein Joker? Denn wir sollen uns als Seelen ja selbst weiterentwickeln und zu Erkenntnissen kommen, die unsere eigenen sind, damit es wirkungsvoll ist. Aber meinen Gedankengang musst Du nicht verstehen. Ist bestimmt eh falsch.

Peter: Wenn man so will ist das Diesseits ein „Schummeln" Gottes, also nicht das einzig wirklich reale. Aber es ist notwendig als reale harte Umgebung zu erscheinen, damit wir die Möglichkeit haben in der Erkenntnis weiter zu kommen, dass es um die Liebe geht.

Charlotte: Macht Sinn. Schlaf Du mal.

Peter: Bis bald. War ein tolles Gespräch. Wenn Du wieder zurück bist, gebe ich Dir die Bücher über den Stand der Wissenschaft auf diesem Gebiet. Dann kannst Du Dich selbst informieren und Dir ein eigenes Bild vom Wahrheitsgehalt dieser Forschungen machen.

Zweites Gespräch am 8.6.2017

Peter: Ich habe heute Morgen unser Gespräch noch einmal zusammengefasst. Kann ich Deine Kommentare, wie ich sie niedergeschrieben habe, bei meinen Vorträgen verwenden?

Charlotte: Ja gerne.
Ich habe noch ein paar Fragen gesammelt.
Ist es garantiert, dass ich geliebte Menschen im Jenseits wieder sehe oder kann es sein, dass sich mit dem Tod unsere Wege für immer trennen?

Peter: Geliebte treffen sich mit sehr großer Sicherheit auf beiden Seiten. Sie können ja auch das Wiedersehen im Diesseits absprechen.

Charlotte: Die zwei Seelen die auf einem aufpassen, sind das zufällig gewählte oder ist da ein Sinn dahinter, wer genau auf mich aufpasst?

Peter: Darüber weiß ich zu wenig. Auf jeden Fall lieben sie Dich und deshalb machen sie es.

Charlotte: Kann man mit denen bewusst in Kontakt treten?

Peter: Ich glaube nicht.

Charlotte: Schade, hätte gerne gewusst, wer auf mich aufpasst.

Peter: Du wirst sie kennen lernen.

Charlotte: Ich fasse zusammen.
Das Leben hier im Diesseits ist vorbestimmt von Seelen im Jenseits. Es dient dazu, sich selbst zu bessern und Liebe zu erlernen um Gott nahe zu kommen. Wir werden dabei unbewusst von Seelen beraten. Während im Jenseits das Ziel von vorneherein formuliert ist, ist unser Leben hier auf der materiellen Erde keineswegs komplett geplant. Das steuern wir durch ständige eigene Entscheidungen. Wir sollen Liebe als höchste Macht ansehen, aber nicht vergessen uns gegen das wirklich böse zu verteidigen. Mit dem Tod kommen wir ins Jenseits, können aber auch wieder zurück ins Diesseits um uns zu verbessern und in höhere Sphären aufzusteigen.

Peter: Du hast es verstanden. Bin beeindruckt!

Charlotte: Liegt es an diesem ganzen Prinzip, warum der Mensch besessen von Perfektion ist? Und von Gewinnen und stetiger Entwicklung?

Peter: Nein, das Besessen sein vom Gewinnen und Sammeln von Materie im Diesseits liegt an der verloren gegangenen Erkenntnis des ewigen Lebens. Das kam etwa im 17ten Jahrhundert durch den englischen Physiker Isaac Newton (1643 bis 1726) und das Aufkommen der rein naturwissenschaftlichen Sichtweise der Dinge auf die Welt. Auch der französische Philosoph, Mathematiker und Naturwissenschaftler René Descartes (1596 bis 1650) hat diese Sichtweise schon früher vertreten aber nicht so ausschließlich.

Das Streben nach Macht und Materie ist also eine Folge der Unkenntnis oder des in Vergessenheit geratenen Wissens über die Realität des Diesseits und des Jenseits. Das Wissen darüber kommt und geht.

Am genauesten wusste der griechische Philosoph Platon (428 bis 348 v. Ch. in Athen) über das Jenseits Bescheid. Er hatte sein Wissen vor allem von einem griechischen Soldaten, einem Hopliten aus Pamphylien der nach einer Schlacht schwer verletzt drei Tage im Koma lag und für tot gehalten wurde. Schon auf dem Scheiterhaufen liegend, ist er wieder zum Leben erwacht und hat vom Schicksal der Seelen im Jenseits berichtete. Von dieser Nahtod-Erfahrung berichtete er ausführlich Sokrates, dem Lehrer Platons.

Aristoxenos, einem Schriftsteller aus der Zeit Alexander des Großen (Schüler des Aristoteles) zufolge, lernte Sokrates in Athen einen Inder kennen. Es ist wahrscheinlich, daß die in den Philosophien von Pythagoras, Sokrates, Platon und den Stoikern enthaltene Theorie von der Seelenwanderung ihren Ursprung in den Lehren indischer buddhistischer Gelehrter aus Athen hat. In Athen gab es damals über lange Zeit eine kleine buddhistische Gemeinde. Also kam das Wissen des Sokrates und Platons über das Jenseits und die Reinkarnation nicht nur über die Nahtod-Erfahrung des gefallenen Hopliten zustande. Aus diesem Wissen entwickelten beide den ersten monistischen Idealismus mit einem Schöpfergott, Reinkarnation und Wichtigkeit der Liebe. Da Sokrates seine Lehre nicht aufschreiben wollte, hat Platon das alles schriftlich festgehalten. Abschriften davon sind erhalten geblieben. Auch der Bericht über die Nahtod-Erfahrung des Hopliten in allen Einzelheiten.

Pythagoras, der griechische Mathematiker (570 bis 496 v. Ch.), den ich oben auch kurz erwähnt habe, wusste schon 150 Jahre vor Platon von der Reinkarnation und war überzeugt davon. Er war Zeitgenosse Buddhas und soll mehrfach in Indien gewesen sein.

Sogar die Juden um Christi Geburt glaubten an Wiedergeburt. Gott hätte nur eine bestimmte Zahl Juden Seelen entstehen lassen, sodass im jüdischen Volk immer wieder dieselben inkarnieren bis sie am Ende alle im Himmel sind und bleiben.

Der römische Schriftsteller Vergil (70 bis 19 v.Chr.) und der griechische Schriftsteller Plutarch (45 bis 125 n.Chr.) waren Zeitgenossen Jesu, wussten auch vom Jenseits und haben darüber geschrieben. Vergils Wissen basierte auf einer Beschreibung des Jenseits aus der sogenannten „Höllenfahrt des Äneas". Vergil und seine Beschreibung des Jenseits war für Dante Alighieri (1265 bis 1321) im 13ten Jahrhundert also 1000 Jahre später das große Vorbild. Deshalb hat er Vergils Seele in seiner „göttlichen Komödie" als anfänglichen Begleiter in die jenseitigen Sphären gewählt.

Die „göttliche Komödie" beschreibt auf überraschend realistische Weise das Jenseits, wie es heute in den Nahtod-Erfahrungen reanimierter beschrieben wird.

Ein anderes überliefertes Beispiel eines Nachtod-Kontaktes (nicht verwechseln mit Nahtod-Erfahrung) ist „Der Traum des Scipio" aus Ciceros (106 bis 43 v.Chr.) Schrift „vom Staate" in dem Publius Cornelius Scipio, ein römischer Feldherr und Staatsmann (gestorben 211 v.Chr.) mit seinem Vater im Jenseits Kontakt aufnimmt. Platon war das große Vorbild Ciceros. Cicero hatte natürlich alle Schriften Platons gelesen. Der Traum des Scipio hat später viele Philosophen und Dichter z.B. Francesco Petrarca (1304 bis 1374 n.Chr.), Wissenschaftler wie Johannes Kepler (1571 bis 1630 n.Chr.) und auch Komponisten wie Mozart stark beeinflusst.

Die Forschungen und das Wissen über das Jenseits sind uralt und haben nie aufgehört. Anfang des 13 ten Jahrhunderts, zur Zeit der Staufer, war man an der Universität von Paris (Sorbonne), die gerade neu gegründet worden war so weit, dass man die Naturwissenschaft als Erforschung des Diesseits im Sinne des Aristoteles (Schüler des Platon) und die Mystik als Erforschung des Jenseits im Sinne Platons, als zwei Seiten der Erkenntnis gleich berechtigt fördern wollte. Der Bischof von Paris hat diese Forschungen nach ca. 20 Jahren verboten.

Das Weltbild damals war monistisch. Das heißt es gibt nur eine Realität: das Bewusstsein. So wie es schon Platon erkannt hatte.

Später kam Descartes und führte den Dualismus ein: Es gibt das Bewusstsein (= die Seele) und davon unabhängig die äußere Realität also die materielle Welt. Das war revolutionär, aber falsch, wie die Quantenphysik im letzten Jahrhundert erkannt hat. Dazu gleich mehr.

Dann kam **Newton und leitete die rein materielle Sichtweise** ein. Das hat die Naturwissenschaften sehr gefördert, war aber noch falscher. Aus dieser Sicht auf die Dinge entstand der bis jetzt vorherrschende sogenannte **„monistische Materialismus". Der sagt: Es gibt nur Materie. Das Bewusstsein entsteht aus dem Zusammenspiel der Atome.**

Dann kamen Ende des neunzehnten Jahrhunderts die Quantenphysiker. Bohr, Max Planck, Einstein, Heisenberg, Schrödinger usw. Die erkannten mit Entsetzen, dass die Materie durch das Bewusstsein entsteht. Die beiden wichtigsten Versuche die zu dieser Erkenntnis führten war der

Doppelspaltversuch und Versuche welche die „nichtlokale Verschränktheit von Teilchen" zeigen.

Jetzt sind wir dabei, wie schon Platon, aber noch besser als er, wieder zu erkennen, dass es **nur eine unabhängig existierende Realität gibt: Das Bewusstsein und seine Ideen. Das nennt man den „monistischen Idealismus".** Der Begriff Idealismus bedeutet die Dinge entstehen durch Ideen des Bewusstseins. Der Begriff bedeutet nicht, dass irgendetwas ideal ist.

Ich wiederhole, fasse zusammen und erweitere:

Sokrates, der Lehrer Platons, hat die sehr ausführliche Nahtod-Erfahrung eines Hopliten (griechischer Soldat), der nach einer Schlacht schwer verletzt drei Tage im Koma lag, seinem Schüler Platon erzählt. Daraus entwickelt Platon den ersten monistischen Idealismus.

Aristoteles, der Schüler Platons, hat es schon anders gesehen. Er hat die naturwissenschaftlich materielle Sicht der Dinge in den Vordergrund gestellt. Dadurch wurde er das Vorbild aller Naturwissenschaftler. Trotzdem hat er Gott nicht prinzipiell verneint. Er dachte eher so wie Descartes.

Die „hochgebildeten" römischen Gelehrten und Wissenschaftler dachten wieder eher wie Aristoteles und lehnten Götter oder einen Gott und ein Leben nach dem Tod größten Teils ab. Dazu zählt vor allem Plinius der Ältere (23 bis 79 n.Chr.) der in seinem Werk „Die Naturgeschichte" darüber schreibt.

Cicero, Vergil und Plutarch orientierten sich wieder an Platon und seinem Wissen über das Jenseits.

Das Wissen der Griechen und Römer kam über Byzanz, der Hauptstadt des etwa tausend Jahre länger als Westrom existierenden Oströmischen Reichs (bis 1453) nach Andalusien in Südspanien (aus dem arabischen: Al-Andalus). Die größte arabische Bibliothek, wo die Schriften dann aufbewahrt wurden, entstand in Cordoba. Das war noch keine Universität im westlichen Sinne. Dann hat der spanische König Alfons VIII el Nobel (der Edle) von Kastilien im 12ten und 13ten Jahrhundert die Araber aus Cordoba vertrieben. Granada die Hauptstadt Andalusiens blieb arabisch bis ins 15te Jahrhundert. Er hat weder die Stadt noch die Bibliothek verbrannt, sondern fast alle Bücher, darunter auch die Schriften Platons und Aristoteles, abschreiben lassen. Deswegen wurde er „der Edle" genannt. Von da kamen Abschriften dieser Bücher noch im 13ten Jahrhundert nach Palencia in Kastilien in die nur für wenige Jahrzehnte existierende, von Alfons gegründete erste spanische Universität und nach Salamanca in die zweite spanische Universität im Königreich Leon. Dann nach Paris in die Sorbonne und nach Oxford in die vierte Universität im Bunde. Die Sorbonne hatte den besten Ruf so daß sich sehr schnell in Paris fast alle Wissenschaftler und Studenten der Zeit trafen. Man versuchte dort umfassend zu forschen: „naturwissenschaftlich diesseitig" und „mystisch jenseitig".

Jetzt sind wir also wieder da wo wir im dritten Jahrhundert vor Christus, um Christi Geburt und dann im 13ten Jahrhundert nach Christus schon mal waren. Aber trotzdem sind wir viel weiter. Denn die Quantenphysik gibt es erst seit ca. 100 Jahren. Und die Reanimationen mit den extrem häufig dokumentierten Nahtod-Erfahrungen erst seit ca. 45 Jahren.

Charlotte: Wow!!!

Drittes Gespräch am 28.6.2017

Charlotte: Was sagen die Forschungen zur Hölle wie sie in der Bibel beschrieben wird? Gibt es das pure Böse, eine Hölle oder einen Teufel? Vielleicht in einer anderen Form?

Peter: Es gibt dazu nur wenige Berichte aus Nahtoderlebnissen. Jedoch einiges mehr aus den Berichten durch mediale Kontakte ins Jenseits. Den Teufel als unabhängige Gottheit gibt es nicht.

Aber es gibt die freie Entscheidung zum bösen Handeln. Seelen, die sich überwiegend und bewusst böse verhalten, sehen beim Übergang ins Jenseits das Licht, so wie es in den Nahtod-Erfahrungen beschrieben wird, nicht und kommen in eine untere Sphäre des Jenseits, wie zu Anfang beschrieben. Dort soll es sehr hässlich sein, vor allem neblig, kalt und dunkel. Also kein Fegefeuer. Sie bleiben dort unter sich, so daß sie in den höheren „himmlischen" Sphären nichts anrichten können. Sie können aufsteigen, wenn sie erkennen was sie getan haben und dass dieses Handeln andere unglücklich gemacht hat und daher böse war. Dann können sie auch zum Licht (Gott) finden. Böse Seelen haben aber oft keine Einsicht und bereuen nicht. Sie erkennen auch oft nicht, dass sie nicht mehr im Diesseits sind, sondern im Sinne des Diesseits „tot" sind. Sie verstehen den ganzen Zustand nicht. Sie werden auch nicht von liebevollen Seelen abgeholt. Extrem böse Seelen gibt es jedoch selten. Die meisten Seelen liegen in ihrem Verhalten eher im mittleren Bereich.

Es gibt auch die Theorie, dass extremst böse Seelen durch sehr viel höher entwickelte Seelen ausgelöscht werden (verglüht) werden. Sie werden dann wirklich endgültig zerstört. Aber darüber ist sehr wenig bekannt.

Charlotte: Danke, wie geht es Dir?

Peter: Seitdem ich soviel über das Jenseits weiß, geht es mir gleichmäßig unglaublich gut. Vor allem das Wissen über die Ewigkeit unserer Existenz lässt mich, man kann nicht sagen glücklich, aber sehr wohl gelassen werden.

Da ich auch über Ernährung soviel weiß, bin ich auch noch gesund und fit. Dadurch werde ich noch lange hierbleiben, auch wenn ich mich auf das Jenseits freue. Ich habe auch erkannt, weshalb ich diesmal hier bin. Ich soll mein Wissen erweitern und dieses Wissen weitergeben oder anderen dabei helfen dieses Wissen auf wissenschaftlicher Ebene selbst zu erlangen. Darin erkenne ich den Sinn meines jetzigen Lebens. Zumindest der zweiten Hälfte meines jetzigen Lebens. Das macht mich sinnerfüllt und angstfrei. Depressive Phasen wie früher habe ich keine mehr. Ich bin selbst erstaunt wie sehr diese Erkenntnisse mich angstfrei machen. Es ist durch diese Erkenntnisse aber auch sehr traurig die anderen Seelen zu beobachten und ihre Angst und ihr unglücklich sein zu sehen. Petra denkt wie ich. Auch sie sieht Ihre Aufgabe darin anderen zu helfen durch Wissen ein höheres Bewusstsein zu erlangen.

Charlotte: Ich hoffe wir sind irgendwann in einer gleichen Sphäre.

Peter: Wir kommen garantiert in die gleiche Sphäre. Es wird geil.

Charlotte: Hahaha dann machen wir Party.

Peter: Wenn man das alles weiß, ist es ja hier schon schön!

Charlotte: Was passiert, wenn alle Menschen in der höchsten Sphäre sind.

Peter: **Man kommt zu Gott. Aber was das bedeutet, weiß keiner, außer denen die es selbst erfahren haben. Über diese Gotteskontakte gibt es ausführliche Forschungen (siehe Quellennachweise). Irgendwie wird man dann selbst wie Gott.**

Charlotte: Du glaubst gar nicht wie sehr es mich interessiert wer meine beiden Aufpasser-Seelen sind. Beziehungsweise meine Berater.

Peter: Ich bin auch auf meine Berater gespannt.

Charlotte: Ich wüsste gern mehr darüber.

Peter: Es gibt genug Literatur. Wenn Du wieder mal hier bist, zeige und gebe ich Dir das alles.

Charlotte: Oh ja. Würdest Du sagen, seitdem Du das alles weißt, kannst Du Dich auf der Gewissheit des ewigen Lebens ausruhen? Oder handelst Du umso bedachter?

Peter: Ich lebe viel bedachter und bin eindeutig ganz bewusst viel lieber zu anderen Menschen. Und das macht fast ununterbrochen Spaß und fördert ganz offensichtlich mein glücklich sein.
  Und Gott sei Dank habe ich Petra! Wir reden extrem häufig über dieses Thema und tauschen unsere Erfahrungen mit anderen Menschen aus.

Charlotte: Ich muß ja ehrlich sagen, dass mich das wenige Wissen, was ich durch Dich habe schon etwas beruhigt hat. Obwohl ich es nicht versucht habe zu hinterfragen und zu analysieren, wozu ich sonst tendiere. Das gibt schon ein bisschen Bestätigung, dass da was dran sein muß.

Peter: Das ist toll, dass Du mir so vertraust. Aber irgendwann solltest Du wirklich selbst darüber lesen.

Charlotte: Ja.
Was denkst Du über Selbstliebe? Aus irgendeinem Grund habe ich so einen Glaubenssatz in mir, der sagt, dass ich andere nur lieben kann oder andere mich nur lieben können, wenn ich mich selbst bedingungslos liebe wie ich bin. Das macht das Thema für mich etwas schwerer.

Peter: Man muß es lernen sich selbst auch zu lieben.

Charlotte: Daran scheitere ich aktuell. Noch.

Peter: Ich liebe mich wirklich selbst. Habe das immer mehr gelernt. Das war früher anders. Je mehr ich mir meiner selbst bewusst wurde umso mehr konnte ich mich akzeptieren und lieben. Den anderen Seelen sollte es eigentlich genauso gehen. Wir haben alle das gleiche Ziel. Und wir gehören zusammen.

Charlotte: Kannst Du mir irgendwelche Tipps geben? zur Selbstliebe?

Peter: Ich kann dir erklären wie ich darüber denke. Wie ich über mich selbst denke: Auch meine „Irrwege" waren wichtig und notwendig. Ich verurteile nur wenig von dem was ich in dieser Inkarnation getan habe. Und ich erkenne im

Nachhinein wie sehr mir von anderen Seelen auf meinem Weg, das richtige zu tun, geholfen wurde. Ich versuche daraus zu lernen und mich zu korrigieren. Bei diesem Weg des Selbst Erkennens und Akzeptierens, werde ich überraschenderweise zunehmend demütig (nicht unterwürfig). Denn ich sehe, wie wichtig die seelische Entwicklung aller ist. Nicht nur die Entwicklung von mir. Falsche „böse" Entscheidungen kommen vor. Sie sind auch bei mir vorgekommen. Aber man kann sie erkennen und versuchen zu korrigieren. Zum Beispiel durch Bitte um Vergebung oder einfacher durch eine Entschuldigung. Dabei lernt man dann das Ablegen von Überheblichkeit und das Entstehen von Demut, als einen Teil der Verwirklichung von Liebe. Wenn die bösen Entscheidungen nicht mehr zu korrigieren sind, kann man sie zumindest als ein Stadium der eigenen Entwicklung versuchen zu akzeptieren. Man muß sich deswegen nicht hassen. Das hängt natürlich auch vom Ausmaß der bösen Handlung ab.

Ich denke über die Liebe zu mir selbst jedoch selten nach. Es hat sich irgendwie erledigt. Weil Du mich danach fragst, beginne ich zu reflektieren und versuche zu verstehen, wie ich es mache und gemacht habe.

Charlotte: Danke, ich gehe jetzt schlafen. Gute Nacht Peter.

Peter: Schlaf gut und träum vom Jenseits und dass Du geliebt wirst.

Viertes Gespräch am 29.10.2017

Peter: Hallo Charlotte, im Rahmen der Jenseitsforschungen, beschäftige ich mich seit geraumer Zeit auch mit der historischen Figur von Jesus Christus. Das ist deshalb so interessant, weil er nach meiner Meinung einer von denjenigen großen Seelen ist, wie auch Platon und Buddha und andere, die fast alles über das Jenseits und das Diesseits wussten. Dabei bin ich auf sehr interessante Forschungen des letzten Jahrhunderts gestoßen. Diese Forschungen belegen sehr plausibel, daß Jesus zwar gekreuzigt wurde, aber überlebt hat und mit etwa 85 Jahren in Indien gestorben ist.

Charlotte: Erzähl

Peter: Ich versuche es kurz zusammenzufassen. Die wissenschaftlichen Begründungen lasse ich dabei notgedrungen weg. Dazu muß man die Bücher lesen.

Er war wohl zweimal in Indien. Erstens von seinem 14ten bis zu seinem 30ten Lebensjahr und dann zwei Jahre später nach der Kreuzigung bis zu seinem Lebensende. Er besuchte auf diesen Reisen buddhistische und hinduistische Klöster und bildete sich dort weiter. Dadurch wusste er auch über Reinkarnationen alles was man damals wissen konnte. All das hat er auch in den zwei Jahren seines Aufenthalts in Palästina versucht zu lehren. Und nur über diesen kurzen Zeitraum berichten die Evangelien. Hier eine Kurzzusammenfassung was in der Karwoche entsprechend dieser Theorien „wirklich" passiert ist.

Er hing nur 6 Stunden am Kreuz. Von 9.00 bis 15.00 Uhr. Zum Sterben am Kreuz benötigt man jedoch bis zu 4 Tage. Dass er schon nach 6 Stunden für Tod erklärt und abgehängt wurde, ging nur, weil er 3 Helfer hatte, die ihn gerettet haben. Es war keiner von seinen bekannten 12 Jüngern. Beteiligt waren:

Erstens der römische Offizier der die Kreuzigung im Auftrag von Pilatus leitete.

Zweitens Joseph von Arimathäa, ein reicher Jude und ein Mitglied des altjüdischen Gerichts und Rats in Jerusalem. Wahrscheinlich auch ein heimlicher Unterstützer der Sekte der Essener. Wie auch Jesus den Essenern zumindest nahe stand.

Drittens ein Mann namens Nikodemus, wohl auch einer der damals reichsten Juden in Jerusalem. Aber über ihn ist nur wenig bekannt.

Der in die Rettungsaktion eingeweihte römische Hauptmann, war bei der Kreuzigung dabei und hat rechtzeitig den Tod festgestellt.

Rechtzeitig deshalb, weil er dadurch verhindert hat, daß Jesu mit einer Eisenstange die Unterschenkel gebrochen wurden um einen schnelleren Tod herbei zu führen. Dadurch wäre er wirklich unmittelbar gestorben.

Beim Brechen der Unterschenkel hängt man ohne sich

mit den Füssen abstützen zu können, nur noch an den Armen am Kreuz und stirbt nach wenigen Minuten, da man nicht mehr tief Luft holen kann. Alle Gekreuzigten hatten ein Brettchen unter den Füssen, auf dem sie sich mit den Fersen und dem Mittelfuß gerade soviel abstützen konnte, daß sie aufrecht stehen und ausreichend Luft holen konnten um nicht sofort zu sterben. Nach ca. vier Tagen waren sie dann so geschwächt, daß sie sich nicht mehr auf dem Brettchen halten konnten und starben.

Der beschleunigte Tod der drei Delinquenten gegen 15.00 war wohl auf Bitte des jüdischen Rats in Gang gesetzt worden um zu verhindern, daß Jesus am bevorstehenden Sabbat beerdigt werden musste. Um Jesus, für die anwesenden Zuschauer tot erscheinen zu lassen, hat Jesus kurz vor seinem Tod, von einem der Helfer einen angeblich mit „Essig" getränkten Schwamm gereicht bekommen.

Das war sehr wahrscheinlich jedoch eine Mischung aus Hypnotika (Opiate und anderes), die sehr schnell, wie Narkosemittel einen todesähnlichen Zustand hervorrufen. Seine überlieferten letzten Worte: „Es ist vollbracht" waren an die anwesenden Helfer gerichtet „ich habe es getrunken".

Zur Demonstration seines Todes hat der Hauptmann dann, nach dem Eintritt der Narkose (sein Kopf sank nach vorne) mit einem Speer seine rechte Flanke unterhalb des Rippenbogens geritzt um zu demonstrieren, daß er nicht mehr reagiert und tot ist. Dass er dabei geblutet hat ist zwar einigen aufgefallen so daß es überliefert wurde, aber keinem war klar, daß ein Toter ohne Kreislauf nicht mehr Bluten kann.

Dann musste er schnell vom Kreuz genommen werden um ihn gesund pflegen zu können. Das ging nur mit der sofortigen Erlaubnis des jüdischen Rats ihn schnellst möglich zu beerdigen. Das hat Joseph von Arimathäa, als angesehenes Mitglied dieser Kaste in die Wege geleitet.

Die endgültige Erlaubnis die „Leiche" abzunehmen, hat dann der römische Statthalter Pontius Pilatus gegeben. Er hat sich aber sehr über den frühen Tod gewundert. „Ist er denn schon tot?" sind seine überlieferten Worte. Dann hat er die Leiche freigegeben.

Joseph von Arimathäa hatte Wochen vorher in unmittelbarer Nähe der Richtstätte eine Grabstätte gekauft und errichtet, angeblich sein Familiengrab. Dorthin wurde er sofort gebracht. Nur wenige hundert Meter entfernt. Dann wurde er auf ein Tuch gelegt und damit bedeckt. Nicht eingewickelt. Dieses Tuch ist als Turiner Grabtuch erhalten. Es war massiv getränkt mit Aleovera und Myrrhe. Diese Stoffe fördern Wundheilung, Blutstillung und wirken antiseptisch. Er hat aber noch ein bisschen geblutet. Diese Blutspuren wurden auf dem Turiner Grabtuch nachgewiesen.

Sein Abdruck und Bildnis auf dem Grabtuch entstand durch Fieber und in der Folge dessen durch Entfernungs- und Temperaturabhängige unterschiedlich stark wirkende chemische Veränderungen des mit Aleovera getränkten Gewebes. Er lag flach mit dem Rücken auf der unter ihm liegenden Hälfte des Tuches. Die am Kopfende in Richtung Fußende umgeklappte andere Hälfte des Tuchs bedeckte locker seinen Körper von vorne. Auf dem Grabtuch kann man also zwei Abdrücke sehen. Seinen Körper von hinten und seinen Hinterkopf und seinen Körper von vorne und sein Gesicht.

Nach zwei Tagen war er wieder soweit fit, daß er mit Hilfe seiner Freunde aufstehen und das „Grab" verlassen konnte. Maria Magdalena und Petrus waren zum Teil zu diesem Zeitpunkt informiert darüber, dass Jesus noch lebt. Deswegen ist Maria am frühen Morgen des dritten Tages zum Grab gegangen. Sie wollte nachsehen, ob dieses Gerücht stimmt. Sie hat das Grab leer vorgefunden. Eine Person, die sie für einen Gärtner hielt, gab sich als Jesus aus, was sie im ersten Moment nicht glauben wollte. Sie ging dann zu Petrus und sagte: „Er ist nicht mehr da und ich weiß nicht wo sie ihn hingebracht haben". Daraufhin gingen Petrus und Johannes ebenfalls zum Grab um sich selbst davon zu überzeugen, daß er nicht mehr im Grab ist. Dass er überlebt haben könnte hat zu diesem Zeitpunkt nur Johannes und Maria Magdalena für möglich gehalten.
Nachdem Jesus endgültig genesen war ist er mehrfach bei seinen Jüngern gewesen um sie davon zu überzeugen, daß er lebt und kein Geist ist. Das ist ihm nur bedingt gelungen.

Dann ging er nach Damaskus und hat sich bei den Essenern versteckt, die dort eine Gemeinde hatten. In dieser Zeit traf er auch Paulus auf der Straße nach Damaskus und konnte ihn allein durch seine charismatische Ausstrahlung von seinen Lehren begeistern. Zumindest hat er es geschafft ihn dazu zu bringen sich nach dieser Begegnung positiv mit seinen Lehren auseinander zu setzen. Paulus war von Jesus sogar so beeindruckt, daß er von da an die Christen nicht mehr verfolgte und die Lehren Jesu, zumindest so wie er glaubte sie verstanden zu haben, im römischen Reich als eine Religion verbreitete. Er wurde dadurch zum Religionsstifter eines Christentums wie er es interpretierte.

Jesus selbst konnte in Palästina natürlich nicht mehr öffentlich „predigen", das war zu gefährlich. Hätte die jüdische Gerichtsbarkeit von seinem Überleben gewusst, hätte man ihn sicher erneut gekreuzigt.

Seine Lehren waren stark buddhistisch beeinflusst. Aber vor allem war er ein „Freidenker"! Kein Jude, kein Christ, kein Buddhist, kein Hinduist. Ein Freidenker wie Platon und viele andere.

Noch eins: Warum ahnte man, daß er gekreuzigt wird? Er war nur einmal in aller Öffentlichkeit in Jerusalem. Das war in der Woche vor der Kreuzigung.
Jesus wollte zum ersten Mal öffentlich in der Hauptstadt predigen, aber nicht mit den jüdischen Priestern in Kontakt kommen oder diskutieren. Denn er kannte die Gefahr die eine Diskussion mit sich bringen würde.

Dann konnte er sich nicht bremsen und hat, als er die Zustände im Tempel sah „aufgeräumt" und dabei alle Händler und Geldwechsler verjagt. Das lieferte seinen Feinden einen willkommenen Vorwand um ihn festzunehmen. Er und seine Freunde kannten die Gefahr in die er sich durch den Aufenthalt in Jerusalem begab. Auch daß ihm Kreuzigung droht. So konnten sie für diesen schlimmsten Fall alles vorbereiten um ihn zu retten. Von Damaskus ist er dann, der Seidenstraße folgend nach Kaschmir gegangen. In Kaschmir ist er bekannt. Auch aus alten Aufzeichnungen. Dort liegt er wahrscheinlich begraben. Auch eine Maria, die ihn begleitet haben soll. Entweder war es seine Mutter oder Maria Magdalena.

Diese Forschungen aus dem 20sten Jahrhundert sind umfangreich und plausibel. Aber in den neunziger Jahren wurden sie von der katholischen Kirche diffamiert und unterdrückt. Man kann die Bücher noch finden, zum größten Teil aber nur antiquarisch. Das habe ich gemacht. Daher kommt mein Wissen darüber.

Charlotte: Krass.
Aus welchen Büchern hast Du die Infos?

Peter: Wie gesagt meist antiquarische Bücher.
„Das unbekannte Leben Jesu" von Nicolas Notovitch
„Der Yoga Jesu" von Paramahansa Yogananda
„Starb Jesus in Kaschmir?" von Siegfried Obermeier 1983
Das Beste ist aber: „Jesus lebte in Indien" von Holger Kersten 1995 und 2001.
Ich habe sie mir alle besorgt und gelesen.

Charlotte: Was hat Dich an dieser Theorie oder Wahrheit überzeugt? Was war das Ausschlag gebende Argument, der Beweis für Dich?

Peter: Viele Einzelheiten. Zum Beispiel die Untersuchungen des Grabtuchs von Turin. Oder die Auffindung des Thomas Evangeliums in Ägypten um 1950. Eines Evangeliums, das nicht in die Bibel aufgenommen wurde. Ich habe den Text gelesen. Darin spricht Jesus von der Reinkarnation. Jesus war mit großer Wahrscheinlichkeit eine angekündigte Reinkarnation eines großen Propheten oder Yogis oder Buddhisten, wie der Dalai-Lama. Er ist also nach meinem Verständnis eine Seele aus den höchsten Sphären, die nicht mehr inkarnieren müssen, es aber freiwillig tun um den Seelen im Diesseits zu helfen die Wahrheit zu erkennen. Dazu gehören wie gesagt meiner Ansicht nach auch Platon oder Buddha oder Johannes der Täufer und und und.

Charlotte: Wow.

Peter: Man wusste wahrscheinlich daß er kommt. In dem Buch „Jesus lebte in Indien" vertritt Holger Kersten die These daß nach ihm gesucht wurde, so wie man die Inkarnationen des Dalai-Lama sucht. Man suchte ihn um ihn zu schützen, bis er alt genug ist. Das waren sehr wahrscheinlich entsprechend seiner Theorie die drei Könige aus dem Morgenland (Indien?). Sie haben vermutlich typische Erkennungsrituale durchgeführt, wie sie auch bei der Suche hoher reinkarnierter Yogis durchgeführt werden. Deshalb kamen die drei Könige auch erst als Jesus schon drei Jahre alt war. In diesem Alter können sich Kinder manchmal noch an das Jenseits erinnern. Bis zum 7ten Lebensjahr funktioniert das. Mit 3 Jahren geht es wohl besonders gut. Vor allem bei freiwillig kommenden Seelen. Auf diesem Phänomen beruht übrigens die gesamte Reinkarnationsforschung.

Jesus hat immer betont, da er nicht der (einzige) Sohn Gottes ist, sondern dass wir alle Söhne oder Töchter Gottes sind, so wie er! Er spielt dabei auf die Entstehungen der Seelen als Abspaltungen von Gott an (siehe achtes Gespräch). Und daß wir sogar in der Erkenntnis unseres Bewusstseins weiterkommen können als er. Jesus hat meiner Meinung nach auch aufgrund seiner extremen diesseitigen Bildung total durchgeblickt. Und er hat sich keiner Sekte oder Religion je untergeordnet. Auch nicht den Essener (einer sehr dogmatischen Sekte), oder den Buddhisten oder den Juden. Und das hat er auch gesagt. Er hat immer wieder betont, daß wir das göttliche in uns haben. Und daß es nicht von außen kommt. Deshalb wollte er auch nie eine dogmatische Religion gründen. Er wollte daß man selbständig zu denken anfängt.

Die katholische Kirche hat wie gesagt all diese Forschungen des letzten Jahrhunderts über Jesus diskreditiert. Sie hat es sogar geschafft, daß dieses Wissen schon nach 20 Jahren wieder in Vergessenheit geraten ist.

Charlotte: Wow Menschen sind so dumm.

Fünftes Gespräch am 31.10.2017

Charlotte: Ich frage mich manchmal, inwieweit es ein Schicksal gibt. Kannst du dazu etwas sagen?

Peter: **Man kann es so formulieren: Schicksal ist der Versuch der Verwirklichung des eigenen positiven (liebesorientierten) Inkarnationsplans** unter den Bedingungen des persönlichen Karmas (= Verstrickung in Fehler aus vorangehenden Inkarnationen).

Charlotte: Stimmt, ich glaube wir hatten darüber ansatzweise mal gesprochen. Und den Plan hat man ja nicht selbst gemacht, sondern? War das das Ding mit den zwei Seelen, die einem helfen? Muss mir noch mal die E-Mail von vor ein paar Monaten durchlesen.

Peter: Den Plan macht man sehr wohl selbst! Und frei in der Entscheidung! Aber mit Hilfe von Seelen aus höheren Bewusstseins Sphären.

Charlotte: Ach ja. So war das. Ich wusste, dass man ihn auf jeden Fall nicht ohne Hilfe macht.

Peter: Richtig.

Charlotte: Ach man das ist aber fies, daß man nicht Mal mehr weiß, was man für sich selbst geplant hat.

Peter: Man kann sich mit dem Alter zunehmend daran erinnern, auch wenn das nur wenigen gelingt. Diese Fähigkeit hängt ja ab vom erreichten Bewusstsein. Es ist keine diesseitige Gedächtnisleistung, sondern ein Gefühl auf dem richtigen Weg zu sein. Es kommt aus einem selbst und nicht von anderen. Also nicht von irgendwelchen Dogmen oder Lehren. Diese Erkenntnis entsteht durch Erfahrung, Selbstreflexion, Wissenschaft und vor allem selbständigem (!) Denken.

Charlotte: Was hat die Wahl eines Berufes mit dem Seelenplan zu tun? Menschen denken ja, das sei so ungefähr das Wichtigste im Leben.

Peter: Der gewählte Beruf ist manchmal auch von einem selbst geplant. Dann kann er einem bei der Erkenntnis über die eigene Person dann auch helfen.

Aber vergiss nicht hier im Diesseits treffen wir mit allen Seelen zusammen, guten und bösen. Und alle haben die gleiche freie Entscheidungsmöglichkeit. Das kann unseren eigenen Plan völlig durcheinanderbringen.

Charlotte: Okay. Klingt anstrengend.

Peter: Deswegen sind wir auch viel lieber im Jenseits! Dort ist liebevolle Erholung angesagt. Und das ist nur möglich durch die Trennung der Seelen in verschiedenen Sphären entsprechend der Stufen unseres Bewusstseins. Denn die

Freiheit der Entscheidung haben wir dort auch.

Charlotte: Klingt gut! Ich glaube ich mag Geschichten und Schauspiel und Theater und Lesen deshalb, weil man viel über Menschen lernt und demnach auch über sich.

Peter: Das ist die aufkeimende Erinnerung an Deinen Plan. Du suchst Dir damit Deinen Weg der besten Erkenntnismöglichkeit über Seelen.

Charlotte: Diese ganze Seelensache inspiriert mich für mein Buch, das ich zurzeit schreibe.
Peter: Das ist toll.

Charlotte: Mal sehen ob es was wird.

Peter: Darauf bin ich extrem gespannt! Du kannst unsere Gespräche auch gerne dafür verwenden.

Charlotte: Ich muß mal schauen in wie fern ich diese Infos ein wenig einbinden kann. Übrigens komme ich am 15. Dezember nach Hause.

Peter: Das ist ja super. Zu Besuch?

Charlotte: Nein. Vorerst für immer.

Peter: Geil.

Charlotte: Ich breche meine Zelte ab. So weh es auch tut. Ich habe mich in diese Stadt verliebt. Ich habe eigentlich keine dringenden Gründe jetzt nach Haus zu gehen. Aber es fühlt sich sehr richtig an.

Peter: Dann ist es richtig. Man spürt zunehmend seinen Plan.

Charlotte: Habe ich mir gedacht.
Ich denke manchmal, daß ich zu anspruchsvoll bin. Eigentlich was alles betrifft. Dabei denke ich, dass es vielleicht auf meinen Seelenzustand zurückzuführen ist. Vielleicht weiß ich einfach intuitiv sehr stark was ich brauche und was nicht.

Peter: Das kann ich nicht beurteilen. Das findest Du sicher selbst heraus.

Sechstes Gespräch am 1.11.2017

Charlotte: Hat diese ganze Sache eigentlich einen Namen? Kann ich das irgendwie googeln?

Peter: Oh das hat keinen Namen. Aber Du kannst zum Beispiel „Blick in die Ewigkeit" von Dr. Eben Alexander oder „Leben nach dem Tod" Dr. Raymond Moody googeln.

Charlotte: Bin gerade dabei die komplette bisherige Zusammenfassung unserer Gespräche zu lesen. Da kamen wieder ein paar Fragen auf. Mir ist aufgefallen, daß der Ausdruck „Freier Wille" ein Knotenpunkt in dieser Angelegenheit ist. Mir ist allerdings noch nicht ganz bewusst, wie der Plan, der im Jenseits vor der Reinkarnation entstanden ist, mit unserem freien Willen zusammenhängt. Du sagst wir kommen weiter durch die ständigen Entscheidungen die wir treffen müssen. Deshalb der freie Wille. Auf der anderen Seite ist aber unser Leben und wer uns begegnet schon vorgeplant. Vor allem aber haben wir schon vorher ein Ziel festgelegt. Aber laut Deiner Aussage kann das auch alles schief gehen. Meine Frage ist jetzt, zu welchem Teil unser freier Wille tatsächlich unser Leben lenkt und zu welchem Teil es der Plan ist, der uns eine Richtung gibt.

Also kann ich sagen, dass wenn gerade alles Scheiße läuft in meinem Leben, ich selbst daran Schuld bin aufgrund meiner Entscheidungen? Oder kann ich mit Gewissheit sagen, dass es „so kommen musste" weil sich ein paar schlaue Seelen auf der anderen Seite sich dabei etwas gedacht haben.

Peter: So ganz exakt ist das im Diesseits ohne Deine Erinnerung an Deinen Plan sicher nicht herauszufinden. Auch wenn etwas „schiefläuft" hat es mit sehr großer Wahrscheinlichkeit damit zu tun, daß Du bei der Lösung des Problems etwas lernen solltest, was Du bis dahin immer nicht geschafft hast.

Charlotte: Ich wüsste gerne was meine Probleme sind.

Peter: Die noch ungelösten Probleme erkennt man erst richtig, wenn man ins Jenseits geht. Dann nimmt man sich auch vor es beim nächsten Mal in den Griff zu bekommen. Das ist dann der Anfang des Plans für die nächste Inkarnation. Ohne den freien Willen, wären wir Automaten und könnten keine Bewusstseins Entwicklung durchmachen.

Charlotte: Vielleicht ist ja auch mein ganzes Leben das Problem. Vielleicht bin ich auf einer ganz niedrigen Stufe, weil ich nichts gebacken bekomme. Ich habe keine Ahnung was ich mit meinem Leben anfangen soll. Ich mache ja immer viele Dinge und probiere Sachen aus. Aber es führt zu nichts habe ich das Gefühl.

Peter: Ein Teil Deines Planes war es mit Sicherheit diesmal einen höheren Bildungsgrad zu erreichen. Also das Abitur nicht abzubrechen. Sondern durchzuhalten.

Charlotte: Da hast Du vielleicht recht. Ich muß jetzt schlafen. Aber schreib mir bitte noch Deine Gedanken. Ich antworte morgen früh.

Peter: Ok. Man erkennt den eigenen Plan wohl am besten in den Momenten des Lebens die eine Krise darstellen. Also nur bei schwer zu bewältigenden Herausforderungen oder sogar unerträgliche Schicksalsschläge: Krankheit, Trennung, Prüfungen, materieller Verlust usw. In solchen Momenten muss man oft Entscheidungen fällen. Man kann sich dann entweder für einen einfachen Weg entscheiden oder sich für einen schweren Weg entscheiden. Der schwere Weg ist dann meist das was man lernen wollte. So kannst du nach einem Entscheidungspunkt erkennen, was Du gelernt hast und vielleicht auch lernen wolltest. Du setzt Dir das als Ziel was Du bis dahin nie geschafft hast. Oder was Du bis dahin immer falsch gemacht hast. Wenn Du zum Beispiel Kranken bis dahin nie geholfen hast oder sie sogar verachtet hast und böse zu ihnen warst, dann wirst Du vielleicht ein Leben mit schwerer Krankheit führen müssen. Nur so kannst Du dann lernen, wie es sich anfühlt krank zu sein und nicht geholfen zu bekommen.

Jetzt noch etwas zu folgendem Satz von Dir: „Vielleicht ist ja auch mein ganzes Leben das Problem. Vielleicht bin ich auf einer ganz niedrigen Stufe, weil ich nichts gebacken bekomme. Ich habe keine Ahnung was ich mit meinem Leben anfangen soll. Ich mache ja immer viele Dinge und probiere Sachen aus. Aber es führt zu nichts habe ich das Gefühl".

So früh kann man seinen Lebensplan nicht herausfinden. Es werden immer wieder Ereignisse in Deinem Leben auftreten, die Dich zu Entscheidungen zwingen. Oft erst im Nachhinein wirst Du feststellen können, dass das zu Deinem Plan gehörte.

„Wenn alles Scheiße läuft" heißt das nicht, daß du daran schuld bist. Aber es sind sehr wohl vielleicht Lebenssituationen bei denen Du lernen kannst, das für das Weiterkommen deiner Seele richtige zu tun.

Solche Situationen können zufällig sein (meistens), sie können aber auch in Deinen Lebensplan passen. Das festzustellen gelingt, wenn überhaupt, erst im Rückblick.

Man kann aber auch ohne Schicksalsschläge den richtigen Weg finden. Das ist wahrscheinlich sogar das häufigere. Da lässt sich kein Grundprinzip ableiten.

Charlotte: Danke für die ausführlichen Antworten.

Siebtes Gespräch am 26.11.2017

Charlotte: Was passiert mit allen Seelen, wenn die Welt untergeht?

Peter: Meinst Du mit Welt die Erde und das Diesseits? Wenn ja, dann gilt folgendes:

Dieses Diesseits, also das gesamte materielle Universum ist samt den physikalischen Gesetzen und Naturkonstanten eine ununterbrochene Schöpfung des Bewusstseins. Genauer des Bewusstseins Gottes und aller Seelen. Das kann nicht untergehen. Die Erde, als Teil des Diesseits kann und wird sicherlich irgendwann entsprechend der hier geltenden Gesetze der Physik ein Ende haben, spätestens wenn die Sonne erlischt. In ca.10 Milliarden Jahren. Dann werden wir aber längst eine andere Möglichkeit z.B.: einen anderen Planeten (das ist aber Spekulation) gefunden haben um zu inkarnieren. Wenn es in 10 Milliarden Jahren überhaupt noch notwendig ist.

Realität ist aber nur unser Bewusstsein! Noch mal: Das Diesseits ist „nur" eine Schöpfung des Bewusstsein Gottes und damit auch unseres Bewusstseins, die uns zur Inkarnation dient um „besser" zu werden.

Diese Schöpfung ist so perfekt, daß sie uns als eine von uns unabhängige Realität erscheint. Dass diese materielle Schöpfung wirklich durch Bewusstsein entsteht zeigt die Quantenphysik.

Die Erde kann jedoch durch unseren freien Willen in Ihrer Erscheinung extrem „lebensfeindlich" werden, wenn zu viele sich „böse" umweltfeindlich entscheiden. Sie ist dann als Schöpfung immer noch da, aber durch zu viele Entscheidungen zum Bösen kaum noch zu ertragen.

Zusammenfassung:
Es gibt nur eine Realität ohne Ursprung: Unser Bewusstsein. Damit ist gemeint: Gottes Bewusstsein und unseres zusammengenommen.
Das Diesseits ist „nur" eine Schöpfung dieses Bewusstseins. Das Diesseits und die gesamte Schöpfung sind Realitäten mit Ursprung. Das Diesseits existiert also nicht unabhängig von unserem Bewußtsein.
Auch die Gesetze der Physik sind eine Schöpfung des Bewusstseins Gottes und damit unseres ewig existieren-

den Bewusstseins. Das Diesseits wird wahrscheinlich solange existieren, bis wir alle so perfekt sind wie Gott. Dann brauchen wir es vielleicht nicht mehr zur Inkarnation.

Charlotte: Macht Sinn. Hab mich in den letzten Tagen ganz ausführlich mit einer sehr christlichen Freundin unterhalten. Sehr interessantes Thema, das Christentum.

Peter: Oh, mit einer Christin. Das dürfte ein schwieriges Gespräch gewesen sein, denn Dein Denken ist frei von religiösen Dogmen. Aber noch schlimmer, wenn nicht völlig unmöglich wäre eine Unterhaltung mit einer Muslima über solche wissenschaftlichen Betrachtungen des Jenseits.

Charlotte: Nein im Gegenteil. Sie war sehr sehr offen. Hat alle meine Fragen beantwortet und meine Gedanken nachvollziehen können.

Peter: Das ist super. Mit Buddhisten sind solche Gespräche aus meiner Erfahrung am leichtesten.

Charlotte: Und sie hat immer wieder gesagt, daß sie nicht alles versteht und sich durchaus dessen bewusst ist, daß sie gerade auch nur an bullshit glauben könnte.

Sie glaubt an Gott und die Lehre der Bibel. Aber weiß, daß es auch sein kann, daß es Gott nicht gibt. Oder zumindest nicht in der Form, wie sie ihn sich vorstellt.

Im Übrigen haben wir sehr viele Parallelen zwischen unseren Vorstellungen gefunden.

Peter: Super. Das Erstaunliche ist ja, daß es Gott gibt.

Charlotte: Mein Bild von Leben und Tod ist einfach viel minimalistischer als ihres oder welches die Bibel hat.

Peter: Dein Bild ist realer. Mein Bild ist Wissenschaft und ganz sicher keine Religion.

Charlotte: Das Streben nach Liebe und das allgegenwärtige Präsens von Gott ist die Gemeinsamkeit. Wo Liebe ist, ist auch Gott.

Peter: Exakt so ist es. Und deshalb ist das Christentum eine der besten Religionen. Diese extreme Betonung der Liebe macht das Christentum so wertvoll.

Charlotte: Ich denke mein Bild ist auch sehr wissenschaftlich. Na ja zumindest so wissenschaftlich wie es sein kann. Letzten Endes können wir nur glauben. Wissenschaft haben wir auch nur erfunden mit unserem Bewusstsein.

Peter: Falsch! Das hat mit Glauben eben nichts zu tun.

Charlotte: Aber mit Bewusstsein oder?

Peter: Das ist richtig, Wissenschaft entsteht durch unser Bewußtsein. Aber erst wenn Du unabhängig von mir, Dich ernsthaft selbst mit diesem Thema auseinandersetzt, kannst Du so ein Urteil fällen wie: „Letzten Endes können wir nur glauben". Bis dahin kannst Du nur Mutmaßungen anstellen.

Charlotte: Na ja, bei mir ist so ziemlich alles Mutmaßung.

Peter: Du hast in dieser Inkarnation noch massig Zeit! Bist aber schon jetzt sehr weit. Es gibt natürlich auch auf dem Gebiet der Jenseits Forschung einen wissenschaftlichen Weg.

Es ist einer der zwei Wege auf dem unser Bewusstsein seine Erkenntnisse bekommt. Man kann auch durch hartes Üben versuchen, schon im Diesseits mit Gott Kontakt aufzunehmen. So machen es die Yogis. Das ist der spirituelle Weg der Erkenntnis.

Und alle Seelen sind auf unterschiedlichen Stufen dieser Erkenntnis.

Charlotte: Also natürlich gibt es Wissenschaft. Aber ob das alles tatsächlich auf Richtigkeit beruht wissen wir doch eigentlich nicht. Wir können uns damit viel erklären. Und das ist gut so. Aber ob wir letztendlich recht haben werden wir ja nie erfahren. Oder?

Peter: Natürlich können wir das erfahren! Das Wissen über das Jenseits ist gesichert und entstand vor allem in den letzten 45 Jahren aus einer Mischung aus Erfahrung und Wissenschaft.

Du musst die Bücher lesen! Wenn Du nicht anfängst zu lesen und Dich ernsthaft selbst zu informieren, wirst du immer in dieser falschen sehr simplen Art darüber denken. Ich rede doch nicht von Mutmaßungen!

Ich bin als Notarzt, unabhängig von den wissenschaftlichen Büchern dauernd mit diesen Phänomenen konfrontiert. Du musst lesen und erst dann urteilen.

Charlotte: Moment. Meinst Du damit, daß Wissenschaft immer richtig ist? Einfach weil wir erfahren und beobachten und deshalb zu logischen Schlüssen kommen? Schließt Du also aus zu hinterfragen, ob es die Sonne gibt? Ist also alles, was wir durch unser Bewusstsein erschaffen richtig und wissenschaftlich unantastbar? Oh man es fällt mir schwer das auszudrücken, was ich sagen will.

Peter: Die Naturgesetze wurden durch das Bewusstsein Gottes und damit indirekt auch durch unser Bewusstsein für das Diesseits erschaffen. Also gelten sie hier.

Wenn man sie erforscht und versteht, kann man also das Diesseits verstehen lernen. Das ist der naturwissenschaftliche Teil der Erkenntnis. Der kann uns vor allem durch Messungen und Versuche über das Diesseits Erkenntnis bringen.

Dann gibt es den nicht messbaren Teil der Realität. Das ist unser Bewusstsein selbst, Gottes Bewusstsein und das

Jenseits. Darüber kann man auf spirituellem Weg Erkenntnis bekommen, was auch ein wissenschaftlicher Weg sein kann. Mit spirituellen Erfahrungen sind die nicht messbaren geistigen Erfahrungen unseres Bewußtseins gemeint. Das ist nichts Geheimnisvolles. Spirituell wissenschaftlich heißt, daß man über nicht messbare Phänomene des Bewusstseins jedoch mit wissenschaftlichen Methoden Erkenntnis bekommt.

Zum Beispiel: Man sammelt Informationen über Nahtod-Erfahrungen. Das ist der spirituelle Weg. Dann vergleicht man sie und ordnet sie nach bestimmten Kriterien. Das ist der wissenschaftliche Weg.
Oder: Man kontrolliert Reinkarnations-Berichte (= spirituell) auf Wahrheitsgehalt: Man macht die Familien, von denen ein „reinkarnierter Mensch" aus einem vorherigen Leben erzählt, ausfindig, sucht sie auf und befragt sie über das Leben dieses eigentlich Verstorbenen (= wissenschaftlich). Dann vergleicht man beide Erzählungen (= wissenschaftlich).
    Und das ist in den letzten 43 Jahren gemacht worden. Weltweit und umfangreich. Das habe ich fast alles gelesen und dann auch selbst solche Gespräche durchgeführt.
    Aufgrund solcher Forschungen weiß man also mittlerweile ganz sicher, daß es ein Jenseits gibt. Auch dass es Gott gibt. Und all das was ich Dir in den letzten Monaten geschrieben habe.
    Und das kannst Du alles selbst lesen. Und das solltest Du

unbedingt. Es muß nicht alles sein! Ich habe Jahrzehnte gebraucht. Aber das wichtigste sollte man lesen, damit dieser simple Gedanke, es sei alles nur eine Glaubenssache endlich wegfällt.

Charlotte: Danke.
Ich bin schon lange der Überzeugung, daß man wiedergeboren wird. Dass also die Seele auf die Erde zurückkehrt. Ich habe selbst Erfahrungen gemacht, die mir das bestätigen.

Peter: Sehr gut. Dann hast Du auch einen spirituellen Zugang.

Charlotte: Im Übrigen ist unser Gespräch deshalb unfassbar interessant: Ich sagte wir glauben nur an Wissenschaft und wir können sie nicht beweisen. Ich habe mir dabei in gewisser Weise selbst widersprochen. Denn das beweisen alleine ist ja Wissenschaft. Wie soll man Wissenschaft wissenschaftlich beweisen? haha.
Peter: Irre!

Charlotte: Ich habe übrigens keine Angst vor dem Tod. Hatte ich noch nie. Verstehen viele nicht. Aber ich denke, jetzt wo ich mehr darüber weiß, macht es auch Sinn wieso ich keine Angst habe.

Peter: Dazu folgendes „Alles ist anders":

Der Tod ist das Schöne, denn man kommt zurück in die wunderschöne Realität der erholsamen Sphären des Jenseits, unsere eigentliche "Heimat".

Die Angst vor dem Tod entsteht vor allem durch den momentan vorherrschenden monistischen Materialismus und dem daraus resultierenden Nichtwissen, daß wir weiter Leben und wohin wir gehen.

Die Geburt ist jedoch der Horror, denn man verlässt die streßfreie Heimat und geht mit vollem Bewusstsein in die aggressive Realität des Diesseits. Damit uns dieses Wissen und die Erinnerung ans Jenseits im Diesseits nicht zu sehr im Handeln behindert, vergessen wir beim Übergang unsere Herkunft.

Die Angst vor dem Tod entsteht vor allem durch den momentan vorherrschenden monistischen Materialismus und dem daraus resultierenden Nichtwissen, daß wir weiter Leben und wohin wir gehen.

Charlotte: Gerade aus Zufall gelesen: Death is peaceful, birth is to be feared.

Achtes Gespräch am 28.11.2017

Charlotte: Woher kommen denn die ganzen Seelen? Es waren ja nicht von Anfang an 7 Milliarden Menschen auf der Erde.

Peter: In allen alten Erzählungen und Überlieferungen wird gesagt, daß wir Abspaltungen von Gottes „Bewusstsein" sind. Aber das kann kaum wissenschaftlich erforscht werden, es sei denn, Gott würde uns auf spirituellem Weg selbst informieren. Man kann nur mutmaßen ob es stimmt. Ich gehe davon aus, daß es so ist. Man nimmt dabei an, daß Gott, also das höchste Bewusstsein, dies ganz „bewusst" entschieden hat und durchgeführt hat. Auf diese Weise konnte und kann er dann mit „anderen" kommunizieren. Daher kommt wohl auch unser Streben wieder zu werden wie Gott. Oder genauer gesagt, sich wieder mit ihm zu verbinden oder zu ihm zurückzukehren. Yogis üben das oft ein Leben lang und können es wohl auch erreichen. Dabei treten sie vorübergehend aus ihrem Körper aus, gehen in das Licht, werden erleuchtet und gehen wieder zurück in ihren diesseitigen Körper. Dieses Erleuchtet werden ist dann die Verbindung mit Gott. Es muß wohl ein überwältigend schönes Gefühl oder besser Erlebnis sein. Mehr weiß ich zurzeit nicht darüber.

Noch eins: Den Zugang in den „nicht lokalen Raum" (das ist der korrekte quantenphysikalische Begriff für die geistige Welt des Jenseits) und damit auch wahrscheinlich den Zugang zu Gott, kann man eventuell sehen. Ich habe darüber folgendes gelesen, weiß aber nicht mehr wo.

Bei geschlossenen Augen und völlig von außen störungsfreier abgedunkelter Umgebung, kann man manchmal etwa in der Mitte vor den Augen einen Lichtpunkt sehen. Er hat wechselnd scharfe oder unscharfe Konturen. Manchmal erscheint er heller, manchmal dunkler, auch manchmal bläulich schimmernd. Größer und wieder kleiner werdend. Vermutlich nicht von den geschlossenen Augen kommend. Der „Punkt" erscheint im Raum vor der Stirn, etwa zwischen den Augen. Wenn man versucht die Erscheinung zu fixieren, dann verschwindet sie wieder. Also wenn man die geschlossenen Augen nach ihm dreht und in fokussiert. Man muß entspannt versuchen nicht zu fokussieren. Dann kann er sehr schnell sichtbar werden. Von dieser Lichterscheinung vermutet man, daß sie etwas mit dem Übergang ins Jenseits zu tun haben könnte. Versuch es mal. Es macht Spaß. Meine Erfahrung ist: Je mehr man durch Gedanken auf das Diesseits konzentriert ist umso schlechter und flüchtiger ist er sichtbar. Also muß es ruhig und dunkel sein, so daß die Sinne nicht vom Diesseits abgelenkt werden. Vielleicht ist das der Weg der Seele ins Jenseits und vielleicht auch zu Gott.

In dem Zusammenhang ist es interessant ein Zitat aus der Bibel heranzuziehen. Dieses eben beschriebene Phänomen ist meiner Ansicht nach zum Teil eine Erklärung für das was Jesus meint, wenn er sagt: Das Himmelreich und Gott ist in Euch und nicht außen.

Er meint damit wahrscheinlich der Übergang ins Jenseits und zu Gott kann nicht im materiellen Diesseits gefunden werden. Der Übergang kann nur in unserem Bewusstsein gefunden werden. Also in uns. Es gibt umfangreiche gut begründete Theorien aus dem letzten Jahrhundert, daß der

70

historische Jesus nicht am Kreuz gestorben ist, sondern gerettet wurde, weiterlebte (die Geschichte der Auferstehung berichtet darüber) und einer der höchsten Yogis seiner Zeit wurde. Ich habe Dir darüber berichtet. Das würde auch erklären wie er auf diesen Satz gekommen ist.

Verrückt und heute liefert die Quantenphysik Erklärungen für diese uralten Weisheiten. Der Yogi Jesus wird sich freuen.

Charlotte: Wie wird entschieden wann wir sterben.

Peter: Das machst Du wohl selbst bevor Du inkarnierst. Besser Du versuchst es. Dabei berücksichtigst Du Deinen Lebensplan, also was Du diesmal versuchst für Dein Bewusstsein zu erreichen und auch die Verstrickungen in Dein Karma aus der letzten Inkarnation. Dabei wirst Du unterstützt von Deinen Helfern. Da jedoch für alle im Diesseits und Jenseits das Prinzip der freien Entscheidung gilt, kann Dein Plan völlig schieflaufen. Wenn Du offensichtlich zu früh aus Deiner Inkarnation gerissen wirst, also bevor sich Dein Plan verwirklichen konnte, dann hast Du die Möglichkeit, nach kurzer Erholung, „sofort" wieder zu inkarnieren.

Prinzipiell kann man sagen, daß man weiter in der Entwicklung seines Bewusstseins kommen kann je länger man mit einem gesunden Körper im Diesseits bleibt.

Charlotte: Oh aber das ist soooo kompliziert. Woher soll man denn wissen, daß man die richtigen Entscheidungen trifft? Man hat ja als Seele einen Plan. Aber das ist ja fies, daß man dann alles vergisst und auf gut Glück versucht, gemäß dem Plan die richtigen Entscheidungen zu treffen.

Peter: Das Grundprinzip ist: Man versucht ein liebvoller Mensch zu sein. Alles andere ist zweitrangig.

Bei Deinem Lebensplan geht es weniger darum, dass Du irgendetwas Irdisches erreichen willst. Also es geht weniger um Karriere oder ein exaktes Berufsbild. Es geht darum irgendetwas, das mit Liebe und den anderen Menschen zu tun hat besser zu machen als beim letzten Mal.

Zum Beispiel: Wenn man beim letzten Mal andere immer überheblich und bösartig behandelt hat, kommt man vielleicht in eine Situation in der man das selbst erleben muß. Das nennt man Karma. Also sozusagen erlebt man einen Rollentausch. Dann kann man lernen wie es sich anfühlt so behandelt zu werden. Beim nächsten Mal hat man es dann gelernt und macht es vielleicht nicht mehr. Dann hat diese Seele ihr Bewusstsein über Liebe erweitert. Und hat dafür drei Inkarnationen gebraucht.

Charlotte: Oh je. Hoffentlich habe ich diese Inkarnation noch nicht in den Wind geschossen.

Peter: Charlotte, Du bist doch erst am Anfang!

Charlotte: Ahhhh man. Ich mach mir zu viele Gedanken!

Peter: Richtig.

Charlotte: Ich glaube eines der Dinge, die ich besser machen soll ist Selbstliebe. Kann ich gar nicht.

Peter: Das mag sein. Man kommt vielleicht schon im Diesseits irgendwann drauf, weil es immer wieder ein Problem wird. Im Nachhinein, also im höheren Alter, erkennt man auch besser um was es diesmal ging oder geht.

Charlotte: Ich merke es, glaube ich jetzt schon. Es führt immer wieder zu dem Gedanken, daß ich mich selbst lieben lernen muß.

Peter: Wenn Du es spürst, dann ist es sehr wahrscheinlich eines Deiner Themen.
Charlotte: Ich denke zur Selbstliebe gehört nämlich auch die Annahme seiner Selbst, so wie man ist. Auch körperlich. Und das ist so schwer.

Peter: Wenn dich Probleme richtig anstrengen und extrem geistig beanspruchen, dann liegt es nahe, dass Du das diesmal lernen willst, daß es zu Deinem Plan gehört.

Das ist die Sache mit den Lebenskrisen im Diesseits. Nur ernsthafte Krisen lassen Dich erkennen um was es diesmal geht.

Charlotte: Ich frage mich nur, ob es in diesem Zuge richtig ist, etwas dagegen zu tun. Um mich in jeder Phase selbst zu lieben gehört doch auch dazu, Liebe gegenüber sich selbst zu empfinden, wenn man vielleicht gerade äußerlich hässlich ist. Oder interpretiere ich das falsch.

Peter: Natürlich ist es richtig etwas dagegen zu tun! Sofern es medizinisch oder physiologisch möglich ist. Es geht um Lösung des Problems und nicht um Selbstkasteiung und erdulden.

Charlotte: Ok. Ja das habe ich mich gefragt. Ist eine einfache Lösung also genug, habe ich dann genug gelernt?

Peter: Bezüglich dieser einen Sache, ja. Dann hast Du genug gelernt. Das ist richtig.

Charlotte: Ich will unbedingt wissen, was meine Aufgaben sind. Aber das kann noch dauern, bis ich das herausfinde, nehme ich an?

Peter: Wenn man die Realität unseres ewigen Lebens und das „Jenseits" verstanden hat, hat man keine Angst mehr vor dem Tod (vielleicht noch Angst vor dem Sterben in Qualen) und das Leben bekommt plötzlich einen echten persönlichen tiefen Sinn!
Alle die das nicht wissen, suchen irgendeinen Sinn. Aber die Suche wird überschattet von ihrer irrigen Überzeugung, sie hätten zu wenig Zeit, weil sie mit ihrem Körper sterben

müssen. Den wirklichen Sinn des Lebens können sie nicht finden.

Charlotte: Kann es also sein, dass ich den Sinn nicht in diesem Leben herausfinde?

Peter: Natürlich wirst Du es in diesem Leben herausfinden!

Charlotte: In dieser Inkarnation?

Peter: Ja natürlich!
Du weißt ja schon, daß Du ein Ziel hast, das Deine Seele betrifft.

Charlotte: Ok das beruhigt mich.

Peter: Die meisten anderen wissen ja nicht mal um was es überhaupt geht. Das ist ja das Schlimme. Diese Dinge wissen viel zu wenige. Und trotzdem verbessern sie Ihre Seelen! Es wäre aber viel leichter für sie, wenn sie über diese Dinge Bescheid wüssten.

Charlotte: Stimmt.

Peter: Ich habe auch über diese Dinge nichts gewusst. Erst mit dem Medizinstudium habe ich angefangen mich über die Jenseitsforschung zu informieren. Aber nicht durch das Studium! An deutschen Universitäten wird darüber noch nichts gelehrt. Ich habe mich selbst über die Jenseits-Forschungen informiert, weil ich mit dem Sterben von Patienten konfrontiert war. Erst nachdem ich sehr viel über die Jenseits Forschung gelesen habe und immer noch lese, kann ich mich zunehmend auch selbst erkennen.

Du hast den wahnsinnigen Vorteil, daß du schon mit zwanzig Jahren anfängst zu wissen um was es hier geht.

Und leider kannst Du es fast mit keinem teilen also über Dein Wissen sprechen!

Denn die meisten Menschen sind zurzeit noch infiziert vom Weltbild des monistischen Materialismus im Sinne Newtons und seiner Klassischen Physik. Die Erkenntnisse der Quantenphysiker und der Nahtodesforscher sind noch nicht zum Allgemeinwissen geworden. Das heißt für fast alle Menschen gibt es nur die Materie. Und diese Materie lässt sogar entsprechend der Theorie des monistischen Materialismus auf unergründliche Art das Bewusstsein entstehen. Und dieses Bewusstsein muß natürlich sterben, wenn die Materie zerfällt.

Was für ein unwissenschaftlicher Aberglaube. Ganz besonders auffällig wird es, daß diese Überzeugung Aberglaube ist, wenn man die Grundprinzipien der Quantenphysik verstanden hat.

So ich glaube bei Dir ist es jetzt sehr spät. 2.30 Uhr. Also schlaf gut.

Charlotte: Ja. Kann aber leider noch nicht schlafen. Zu viele Gedanken.

Peter: Die Gedanken sind aber toll. Nimm sie heute Nacht mit auf Deiner Reise ins Jenseits. Zwischen den Träumen oder auch ein bisschen in den Träumen.

Das war kein Witz: Man vermutet, daß man zwischen den Träumen manchmal mit dem Jenseits Kontakt aufnimmt. Aber unbewiesen!

Charlotte: Kann ich mich im Jenseits an alle Inkarnationen erinnern?

Peter: Alles was ich weiß: Ja. Du machst einen Check-up über das Erreichte.

Charlotte: Was kann ich aktiv tun um näher an die Erkenntnis zu gelangen, was mein Sinn hier ist. Ich will es so schnell wie möglich herausfinden. Klar: lieb sein, zu sich und anderen. Aber was noch? Meditation?

Peter: Wenn Du die Idee hast! Vielleicht ist es das. Aber da gibt es nicht viel zu tun. Das erkennt man irgendwann.

Charlotte: Ok.

Peter: Und leider oft erst im Nachhinein, wenn man eine Lebenskrise bewältigt hat. Die meisten haben bis zuletzt keine Ahnung von ihrem Plan.

Wer weiß denn daß er einem Plan folgt? Keiner! Auch noch seinem eigenen Plan! Und trotzdem folgen sie ihm intuitiv. Vielleicht träumst Du ja davon.

Charlotte: Ja, das stimmt schon. Ist nur leider sehr sehr unbefriedigend für mich zu wissen, dass mit hoher Wahrscheinlichkeit erst etwas Schweres kommt bevor ich schlauer bin als vorher.

Kann es in dieser Hinsicht überhaupt zu einer echten und intensiven Lebenskrise kommen, wenn ich doch weiß, dass es alles nach Plan läuft um mich zu testen, weil ich die Liebestreppe hochsteigen will?

Peter: Lebenskrisen sind echt und intensiv aber sie lassen sich mit diesem Verständnis (wer wir sind) leichter ertragen. Insofern ist Deine Überlegung zum Teil richtig. Nicht die Lebenskrise ist jedoch Dein Plan, sondern was Du daraus in freier Entscheidung machst um dann daraus zu lernen. Es muß aber gar keine Lebenskrise kommen. Bei mir war es halt so.

Charlotte: Ich sollte definitiv die Bücher lesen. Ich habe aber Angst zu dumm dafür zu sein. Gerade der quantenphysikalische Aspekt schreckt mich ab. Ich verstehe ja nicht mal Physik.

Peter: Quatsch. Du bist keinesfalls zu dumm. Da geht es auch nicht um Mathematik!

Charlotte: Grrrrrr.

Peter: Jedes dieser Bücher erklärt die beiden wichtigsten Versuche und die daraus resultierenden Erkenntnisse mit anderen Worten, also etwas besser oder schlechter. Aber prinzipiell sind alle für Laien geschrieben. Das kann man verstehen. Man muß sich für die zwei Versuche ein bisschen Zeit lassen.

Hier nur ganz kurz zusammengefasst:

**Der Doppelspalt Versuch erklärt oder beweist, daß unser Bewusstsein das materielle Diesseits entstehen lässt.
Die Verschränkung von zwei Teilchen erklärt oder beweist das es ein Jenseits gibt, physikalisch den „nicht lokalen Raum".** (Siehe Anhang)

Charlotte: Na ja. Ich schlafe jetzt mal. Vorher geht's auf Lichtjagd. Bis zum nächsten tollen Gespräch.

Peter: Freu mich jetzt schon.

Charlotte nach 12 Stunden: Das mit dem Licht hat nicht geklappt. Heute Abend versuche ich es noch mal.

Peter: Man muß möglichst wach und nicht müde sein. Keine Außenreize. Flach auf dem Rücken liegend. Am Anfang dauert es ein bisschen.

Neuntes Gespräch am 6.12.2017

Charlotte: Hallo Peter, ich kann Dir wärmstens empfehlen das eine oder andere Mal in die Kirche zu gehen. Das ist der absolute Wahnsinn! Mit dem bisschen Wissen was ich nun über das Jenseits habe, kann ich jetzt ganz andere Verbindungen knüpfen zu dem, was im Christentum gelehrt wird.

Ich war letzten Sonntag mit einer Freundin in einem Gottesdienst, weil sie sehr gläubig ist und ich mir gedacht habe ich kann ja einfach mal mitkommen. Das war ein Spaß! Ich konnte genau differenzieren, was mit unserem naturwissenschaftlichen Wissen übereinstimmt, und was von den Menschen ausgedacht wurde und dann dogmatisch gelehrt wurde. Ich musste das eine oder andere Mal schmunzeln. Nicht bösartig oder überheblich. Sondern weil es Spaß gemacht hat. Viele Dinge haben mir auch absolut zugesagt. Zum Beispiel „Gott ist Liebe und überall in uns zu finden". Solche Aussagen waren ja absolut korrekt.
Man hat wirklich viele tolle Denkanstöße bekommen und es hat auch gezeigt, daß wir richtig liegen mit unserem Wissen! Allerdings musste ich auch ein paar Mal den Kopf schütteln. Haha.

Peter: Du bist unglaublich in Deinem extrem gewachsenen Bewusstsein. Alles was Du formulierst stimmt. Und es stimmt auch mit dem überein was ich, nach all den Jahren über das Christentum denke. Das Christentum ist wirklich sehr nah an dem was die Forschung uns liefert. Das Christentum in Kombination mit dem Buddhismus, das entspricht am meisten der Wirklichkeit!

Das hat vor 2000 Jahren mit großer Wahrscheinlichkeit auch Jesus erkannt. Der wusste vieles von dem was uns jetzt mühsam die Forschung eröffnet schon damals. Und Platon wusste davon schon 300 Jahre vor Jesus. Nachdem ich jetzt auch sehr viel über die Forschungen nach dem historischen Jesus gelesen habe, bin ich der Meinung, daß er am meisten wusste. Das hat nichts mit dem Christentum zu tun, wenn ich davon überzeugt bin, daß der Mensch Jesus am meisten verstanden hat. Der Begriff Christus bedeutet, dass er der damals erwartete Messias ist. Ein diesseitiger König. Das war er nicht und wollte er auch nie sein. So habe ich es bis jetzt verstanden.

Er war oder besser er ist einfach eine extrem im Bewusstsein fortgeschrittene Seele. Daher weiß er über das Jenseits und das Diesseits alles und das hat er damals versucht im Diesseits den anderen Seelen zu vermitteln. Er gehört zu den hoch entwickelten Seelen, die eigentlich nicht mehr inkarnieren müssen um weiterzukommen, aber es aus Liebe zu den Menschen trotzdem tun.

Charlotte: Das macht für mich auch am meisten Sinn. Obwohl ich noch nicht viel über den gelesen habe.

Peter: Charlotte Du bist einfach toll.
Habe gerade noch Petra Deine Antworten vorgelesen. Wir sind hin und weg.

Ich habe Dir die wichtigsten Bücher über die Jenseits Forschung gesendet. Sie sind bei Deinem Vater und erwarten Dich, wenn Du aus USA zurück bist. Ich lege mich jetzt schlafen.

Charlotte: Gutes Nächtle!
Danke für die Bücher.

Peter: Danke.

Zehntes Gespräch am 7.12.2017

Charlotte: Du wirst mir jetzt sagen, daß ich das Buch lesen soll. Aber wie kommt es, daß der Zugang zum Jenseits von uns gesehen werden kann, mit geschlossenen Augen?

Peter: Das kann ich Dir nicht beantworten. Das habe ich in einem anderen Buch gelesen und dann selbst ausprobiert. Leider weiß ich nicht mehr wo ich darüber gelesen habe, auf jeden Fall nicht in „Unsterblich?!". Ich habe wirklich sehr viel über diese Forschungen gelesen. Dir habe ich nur die Bücher gesendet, die alles auf sehr kurze Weise darstellen und auf den neuesten Forschungen beruhen.

Charlotte: Ok. Und zu diesem Phänomen gibt es noch keine Forschungen? Keine Erklärung wie das sein kann. Also ich kann es mir schon ein bisschen ausmalen. Aber Details wären natürlich sehr interessant. Ich würde mich auch ganz gerne mit Dir treffen, falls Du irgendwann in näherer Zukunft Zeit hast. Wir müssen das alles noch mal in Person bereden.

Peter: Das wäre toll sich wieder mal zu treffen. Das machen wir.

Ich habe dieses Phänomen, wie gesagt vorher gelesen und habe es dann selbst ausprobiert. An eine physikalische Erklärung kann ich mich nicht erinnern. Das wichtige dabei ist, daß es wohl jeder auch ohne Erklärung selbst sehen kann und daß man es durch Übung leichter sehen kann. Einem NEF Fahrer, der einmal dabei war wie ich mit Hinterbliebenen über die Jenseits Forschung gesprochen habe, habe ich im Anschluss an den Einsatz von diesem Phänomen erzählt. Da hat er mir berichtet, daß er das kennt, weil er es bei sich selbst, wenn er Entspannungsübungen macht, beobachtet hatte. Er wusste nur nicht was es ist. Er war begeistert, dass es eventuell ein Zugang in die Geisteswelt ist.

Ich bin mir mit der Beurteilung dieses Phänomens unsicher. Vielleicht finde ich weitere Informationen darüber.

Charlotte: Sehe mir gerade auf YouTube Interviews mit Prof. Ulrich Warnke über das Thema „Wie das Bewusstsein Wirklichkeit schaltet" an. Interessant und inspirierend!

Peter: Der ist toll.

Charlotte: Ja, man kann ihm super zu hören. Er lässt es aber zu einfach klingen. Als ob man direkt alles haben könnte, was man will. Ist aber nicht so.

Also klar, Gedanken steuern unsere Realität. Aber so einfach von jetzt auf gleich passiert das ja nicht einfach so. Das ist ja ein Prozess oder?

Peter: Die Frage zu Warnke kann ich nur versuchen zu beantworten, wenn ich die Textstelle direkt lese. Ich habe ja in seinem Buch „die geheime Macht der Psyche“ über dieses Thema gelesen. Und in dem Buch von Werner Huemer, „Unsterblich?! Gute Gründe für ein Leben nach dem Tod“, daß ich Dir gesendet habe ist ihm ein ganzes Kapitel gewidmet. Mal sehen, wenn Du hier bist können wir forschen.

Charlotte: Ok.

Elftes Gespräch am 9.12.2017

Charlotte: Wieso steigt die Zahl der Seelen ständig? Sind 7 Milliarden nicht genug für Gott?

Peter: Das weiß ich auf Anhieb auch nicht genau.

Charlotte: Die Sache mit der ständig steigenden Population auf der Erde lässt mich nicht los. Hab den ganzen Tag darüber nachgedacht und bin zu keinem logischen Schluss gekommen.

Peter: Hab nachgedacht und recherchiert. Bis jetzt habe ich drei Lösungen.

   1. Es kommen neue Seelen dazu.

   2. Die Seelen inkarnieren häufiger ins Diesseits.

   3. Vor allem die neuen Seelen inkarnieren häufiger.

Charlotte: Aber wozu braucht es immer neue Seele? Für mehr Liebe?

Peter: Bei der Suche nach einer Antwort auf Deine Frage im Netz, habe ich folgenden interessante Seite über die Entwicklung der Seelen gefunden: Seele-Verstehen/ Seelenentwicklung/Seelenalter. Auch habe ich auf dieser Seite einen Erklärungsversuch gefunden, der etwas von meinen oben formulierten drei Punkten abweicht.

Wenn man laut der Theorie, die auf dieser Seite vertreten wird, nachrechnet kommt man auf ca. 12,5 Milliarden von Gott abgespaltene Seelen des Menschen, die ins Diesseits inkarnieren können.

Es gibt also nach deren Theorie keinen Grund zur Sorge, daß durch das rasante Bevölkerungswachstum auf der Erde, zurzeit ca. 7 Milliarden Menschen, irgendwann einmal keine Seele mehr zur Verfügung steht, um einen menschlichen Körper zu beseelen.

Anders gesagt: Es gibt seit der Abspaltung schon immer mehr Seelen als Inkarnationen. Deswegen gibt es wahrscheinlich auch immer mal wieder neue Seelen, die noch nie inkarniert waren.

Aber das ist eine Theorie, die ich bis jetzt nur auf dieser Seite gelesen habe. Genaueres weiß ich darüber also nicht.

Charlotte: Ok Danke.

Am 15.Dezember 2017 ist meine Großnichte dann aus den USA wieder nach Hause gekommen. Am 16.12.2017 gab es dann noch ein kurzes Gespräch über das Internet.

Charlotte: Hallo Peter. Ich bin gestern zu Hause angekommen. Habe gerade Dein Paket aufgemacht. Danke dafür! Hat mich wirklich gefreut. Hast Du eine Empfehlung welches Buch ich zuerst lesen soll oder welche DVD ich zuerst gucken soll?

Peter: Dr. Eben Alexander „Blick in die Ewigkeit" entweder das Buch oder die DVD.

Charlotte: OK Danke.

Zwölftes Gespräch am 20.2.2018

Charlotte: Peter ich habe eine Frage. Wie kann man diese ganzen Forschungen mit der Evolution zusammenbringen? Wir waren ja nicht immer Menschen. Das heißt früher musste die Seele ja in, zum Beispiel Affen inkarniert sein?

Peter: Das ist die Meinung der Vertreter der Evolutionstheorie nach Darwin, die besagt daß sich alle Lebewesen aus einer Ursprungszelle entwickelt haben. Diesen Vorgang nennt man vertikale Evolution.

Mittlerweile gibt es massive Kritik an dieser Theorie. Diese Kritiken basieren vor allem auf Wahrscheinlichkeits-Rechnungen.

Alleine die Wahrscheinlichkeit, dass aus chemisch zufällig entstandenen wenigen einzelnen Aminosäuren ein funktionstüchtiges Enzym (Eiweiß Molekül aus vielen verschiedenen sehr sinnvoll verknüpften Aminosäuren) entsteht, ist extrem unwahrscheinlich.

Daß daraus dann auch noch zufällig ohne Planung eine funktionstüchtige Zelle entsteht, ist von der Wahrscheinlichkeit zu vergleichen mit einem Computer der zufällig die 6. Symphonie Beethovens komponiert.

Der dazu notwendige (durch Wahrscheinlichkeitsrechnung ermittelbare) Zeitraum übersteigt bei weitem um ein Vielfaches die Dauer der Existenz unseres Universums seit dem Urknall von 14 Milliarden Jahren.

Man muß also davon ausgehen, daß es wirklich einen Schöpfungsakt gegeben hat, der auf einem bewussten hochkomplexen Plan beruht.

Was es jedoch sehr wohl gibt ist eine sogenannte horizontale Evolution. Innerhalb einer Art gibt es verschiedene Formen. Die Art des Wolfs „evolutionierte" mit Hilfe der Selektion durch den Menschen zu den verschiedensten Hunderassen.

Nachdem ich diese mathematischen Kritiken genau gelesen und nachgerechnet habe, bin ich zu der Überzeugung gelangt, daß es keine vertikale Evolution gegeben hat. In diesem Zusammenhang ist es sehr interessant zu erfahren, daß alle Knochenfunde die eine Evolution des Menschen postulieren, sich als Fälschungen oder Irrtümer herausgestellt haben.

Man muß also davon ausgehen, daß es wirklich einen Schöpfungsakt gegeben hat. Welcher zeitliche Ablauf dabei eingehalten wurde ist vollkommen unmöglich herauszufinden.

Es gibt verschiedene Theorien die verschiedene Zeitpunkte als den Beginn menschlicher Inkarnationen nennen. Vor 500.000 Jahren oder erst vor 10.000 Jahren soll das stattgefunden haben. Die Schriften der vedischen Hochkultur sprechen von Millionen von Jahren. Das ist oder kann kaum erforscht werden.

Charlotte: Also hat Gott mit seinem Bewusstsein erstmal das diesseitige Universum mit den physikalischen Gesetzen erschaffen, dann nach und nach Organismen mit Zellen, später Pflanzen und Tiere. Dann hat er alles entsprechend der Gesetze der Physik sich entwickeln lassen und zuletzt irgendwann angefangen seine Seele aufzuspalten und in die etwa gleichzeitig erschaffenen menschlichen Körper einzupflanzen? Und wie ist das mit den Tieren? Die müssen ja auch Seelen haben?

Peter: Genauso vermute ich es und so ist es in den verschiedenen Kulturen überliefert. Die Seelen der Tiere und die Tierkörper sind sicherlich sehr viel früher da gewesen als wir. Aber das ist wirklich zu wenig erforscht. Tierische Inkarnationsforschung gibt es nicht.

Charlotte: Alles klar. Denkst du der Neandertaler war schon eine menschliche Abspaltung?

Peter: Nach allem was ich über die Neandertaler gelesen habe, glaube ich, daß er eine horizontale Evolution ist. Sie hatten einen Totenkult, was darauf hin deutet daß sie eine Ahnung vom Jenseits hatten. Sie waren uns sehr ähnlich.

Der Neandertaler lebte vor ca. 230.000 Jahren und ist vor 30.000 Jahren ausgestorben. Irgendwann vor (!) diesen Zeiträumen lag der Moment der ersten Inkarnation einer menschlichen Seele in einen menschlichen Körper.

Charlotte: Kann man sagen, daß wir vom Affen abstammen? sind die Seelen komplexer geworden? Wenn Tiere einfachere Seelen haben, muss es ja eine Entwicklung zu unserem jetzigen Bewusstsein gegeben haben.

Peter: Das glaube ich zurzeit nicht. Ich glaube also keinesfalls, daß wir vom Affen abstammen. Affen sind neben den Menschen eine eigene Spezies. Sie sind immer noch da und existieren unabhängig von uns. Sie haben ein anderes Bewußtsein als wir. Daß es jedoch eine Entwicklung (vertikale

Evolution) des menschlichen Bewußtseins gibt, davon bin ich überzeugt. Ob auch Tiere die Möglichkeit haben ihr Bewußtsein zu entwickeln glaube ich jedoch nicht. Da sind wir Menschen wohl einzigartig.

Charlotte: Wäre mal ein interessanter Forschungsansatz.

Peter: Das wäre aber ein Wahnsinns Forschungsobjekt.

Es gibt einen 10.000 Jahre alten Tempel Fund in der Türkei, der zurzeit archäologisch erforscht wird. Von dem glaubt man, daß er den „Moment der Menschwerdung des Bewusstseins" widerspiegelt.

Ich glaube jedoch nicht, daß das der Moment der ersten Inkarnation ist. Die erste Inkarnation ist sicher viel älter.

Wenn man diesen Zeitpunkt wüsste, könnte man berechnen, wie oft wir in etwa bis jetzt inkarniert waren.

Ich habe über dieses archäologische Projekt in 3 SAT eine Dokumentation gesehen. Hier eine kurze Zusammenfassung:

In Anatolien wird also seit 1995 ein Hügel „Göbekli Tepe" (= bauchiger Hügel) archäologisch erforscht. Man fand unter diesem Hügel prähistorische (= Zeit ohne schriftliche Überlieferung) Tempelanlagen. Sie sind ca.10.000 Jahre alt und somit die ältesten Stein Tempel der Geschichte.

Man interpretiert folgenden Ursprung: In einem tiefenpsychologischen Vorschlag vergleicht Theodor Abt, ein Schweizer Agrarsoziologe und Tiefenpsychologe, die Symbolik der älteren Steinkreise mit der späteren rechteckigen Anordnung der Steinpfeiler, und dem Errichten von Doppelpfeilern in der Mitte dieser Strukturen und der Symbolik der Tierdarstellungen auf diesen Pfeilern.

Abt kommt zu dem Schluss, dass die Entwicklung dieser Strukturen von den alten Steinkreisen zu den neueren rechteckigen Steinformationen mit ihren Tierdarstellungen, das Wirken von Archetypen als unbewusste geistige Antriebskräfte auf diese Kulturleistung wieder spiegeln.

Als Archetypus bezeichnet die analytische Psychologie die dem kollektiven Unbewussten (dem Jenseits?) zugehörigen Grundstrukturen menschlicher Vorstellungs- und Handlungsmuster.

Diese Tempel wiesen demnach auf eine „beginnende Stärkung eines zentrierenden Ich-Bewusstseins, die Entwicklung eines zentrierenden Gottesbildes und damit eine Lösung des Menschen aus einer Ureinheit mit der Umwelt" hin.

Dieser Prozess sei synchron mit der neolithischen Revolution verlaufen.

Neolithische Revolution bezeichnet das erstmalige Aufkommen erzeugender Wirtschaftsweise (Ackerbau und Viehzucht), der Vorratshaltung und der Sesshaftigkeit in der Geschichte der Menschheit. Mit ihr endet die Lebensweise als reine Jäger und Sammler. Man glaubt daraus schließen zu können, daß im Neolithikum die Menschen zum ersten Mal sich nicht mehr zu den Tieren gehörig fühlen würden.

Also wie gesagt, mir erscheint diese Theorie nicht als schlüssig. Ich denke, daß die Menschwerdung viel früher geschehen ist. Ich habe Dir von diesen Forschungen berichtet, damit Du siehst, daß man sich mit der Menschwerdung des Bewusstseins sogar in der Archäologie beschäftigt.

Der Unterschied zwischen Menschen und Tier wird in der Forschung darin gesehen, daß der Mensch die Fähigkeit besitzt, bewusst über sich selbst zu reflektieren. Er kann mit seinem reflektierenden Bewusstsein sich selbst von außerhalb beobachten.

Bezüglich Deiner Frage nach dem Alter der Seelen habe ich noch einmal auf der Seite Seele-Verstehen/Seelenentwicklung/Seelenalter gelesen. Interessant ist, daß laut der Theorie, die dort vertreten wird, das Alter einer Seele in 7 Stufen eingeteilt wird:
1. Neugeboren.
2. Kindlich.
3. Jung.
4. Erwachsen.
5. Alt.
6. Transzendent: Ein Zustand jenseits dessen, was ein Mensch normalerweise erfahren kann.
7. Infinit: Unbestimmbarer höchster Zustand, am Ende von allem.

Diese Einteilung lehnt sich, bis zum Punkt 6, an die Einteilung eines diesseitigen Lebens an.

Es ist spannend sich selbst entsprechend dieser Einteilung versuchen zu erkennen.

Charlotte: Sehr spannend. Auf der Website sind das zwar nur grobe Beschreibungen, aber sie klingen logisch.

Ich denke ich bin eine erwachsene Seele, wobei viele oder sogar die meisten Sachen aus der Beschreibung der alten Seele zutreffen. Aber an sich ist es ja auch egal, was für eine Seele man ist. Wichtig ist, was man daraus macht.

Genau ein Jahr später haben noch weitere Gespräche stattgefunden. Charlotte war während dieser Gespräche zum Studium in England.

Dreizehntes Gespräch am 17.2.2019

Charlotte: Wieviel kann man theoretisch aus vergangenen Leben mit ins gegenwärtige Leben nehmen? Also zum Beispiel Traumata, Ängste usw.

Peter: Man nimmt alle Probleme die man nicht im Sinne der Liebe in der letzten Inkarnation gelöst hat mit in die nächste. Das Lösen dieser nicht gelösten Probleme sind der wichtigste Grund weshalb man wieder herkommt.

Wenn Traumata und Ängste dabei eine Rolle gespielt haben, versucht man auch diese Ängste in den Griff zu bekommen. Z.B.: lieb zu sein trotz Ängsten. Oder unerklärliche Ängste (Phobien) einzuordnen als Erinnerungen an lebensbedrohliche Erlebnisse aus vorangegangenen Inkarnationen. Das geht soweit, daß körperliche Verletzungen durch einen zum Tode führenden Gewaltakt sich als seltsame Hautveränderungen in der nächsten Inkarnation „wieder" manifestieren. Dieses Phänomen ist eine weitere Stütze der Reinkarnations-Forschung.

Diese Verstrickung in das Diesseits aus vorangegangenen Inkarnationen nennt man Karma. Dieses Karma ist vor allem mit Fixierungen auf die diesseitige Materie, zwischenmenschlichen Beziehungen und/oder dem daraus resultierenden liebevollen oder bösen Verhalten gegenüber Mitmenschen verbunden.

Je stärker die Fixierung auf das Diesseits und die Ansammlung von Materie ist, umso wahrscheinlicher wird das eigene Verhalten eher „böser" mit seinen Auswirkungen auf das Diesseits und die Menschen und umso mehr Karma sammelt man an.

Diese Fixierung auf das Diesseits und die Materie betrifft vor allem Menschen, die nur das Diesseits für real halten. Sie können den tieferen Sinn ihrer Existenz nicht erkennen und verstricken sich immer mehr ins Karma.

Zum lösen des Karmas muss man seine „bösen", andere Menschen verletzenden Entscheidungen und Handlungen erkennen und versuchen, sie nicht zu wiederholen oder sogar sie wieder gut zu machen in dem man sie dem gegenüber offen ausspricht, den man verletzt hat und/oder ihn um

Verzeihung bittet. Gleichzeitig muss man versuchen anderen Menschen eine böse Handlung ernsthaft zu vergeben. Dann löst sich Karma mit der Zeit auf.

Die Verstrickungen ins Karma verändern und formen die Seele. Wenn man reinkarniert muss man also nicht die exakten Ursachen der letzten Inkarnation erinnern um "besser" zu werden. Es reicht, dass man sich im Jenseits lange und intensiv mit dem letzten Leben auseinandersetzt und sich die angestrebte Verbesserung genauso intensiv klarmacht. Erst wenn man so weit ist, daß das Ziel in der Seele so verankert ist, daß die Wahrscheinlichkeit groß ist sich intuitiv im Diesseits an sein Ziel zu erinnern, kommt der Zeitpunkt der Inkarnation.

Und dabei helfen alle Beteiligten Freunde und Verwandten und natürlich die zwei Berater.

Da man die vorhergehende Inkarnation meist nicht erinnert, ist man durch die damaligen realen Ereignisse nicht belastet und kann sich freier entscheiden.

Charlotte: Ich habe mich das heute morgen gefragt, weil ich seit langer Zeit versuche herauszufinden woher eine Angst kommt, die ich schon immer habe. Ich kann es mit aber absolut nicht erklären, deshalb habe ich gefragt, ob es auch einem anderen Leben kommen kann.

Peter: Das ist sehr gut möglich.

Charlotte: Also es ist wirklich total bekloppt eigentlich, aber es beschäftigt mich. Wieso habe ich so Angst vor Wasser Mühlrädern? Es ist wirklich irrwitzig, aber ich will immer wegrennen, wenn ich eins sehe. Ich erinnere mich, dass wir an Oma Karins Geburtstag mal in der Nähe von Gießen in einem Restaurant waren, wo die ein Mühlrad hatten. Das war so eingeschlossen von Fenstern auf dem Weg zu den Toiletten. Es hat aber funktioniert und laut gerauscht. Ich hatte immer totale Angst daran vorbeizugehen. Da schnürt sich alles zu, wenn ich dran denke. Solche Ereignisse gab es in meinem Leben schon öfter. Und ich will immer schreiend wegrennen, wenn ich ein Mühlrad sehe.

Und weil ich mir das nicht erklären kann, schiebe ich die Angst einfach auf ein früheres Leben.

Peter: Das ist ganz sicher aus Deiner letzten Inkarnation!

Charlotte: Anders kann ich es mit absolut nicht erklären. Es ist wirklich ein Horror.

Peter: Da bin ich mir auch ganz sicher!

Charlotte: Vielleicht bin ich ja mal so gestorben von einem Mühlrad in den Fluss gerissen oder so.

Peter: Richtig

Vierzehntes Gespräch am 4.3. 2019

Nachdem Charlotte mir am 4. März einen Link zu einem Video über ein fingiertes Gespräch zwischen Gott und Adam über Reinkarnation gesendet hatte, kam es wieder zu Gesprächen.

In diesem Zwiegespräch wird gesagt, daß man als Seele alle Erfahrungen die möglich sind durchmachen muss um zu erkennen wer man ist um dann zu Gott zu gelangen.

Allerdings wird auch gesagt, dass es eigentlich keine Individuen gibt, dass alle Menschen eine gemeinschaftliche Seele sind.

Charlotte: Ist ganz interessant.

Peter: Das ist etwa genau das worüber Petra und ich uns heute Abend beim Abendessen intensiv unterhalten haben. Und dann sendest Du mir den Link zu diesem Video.

Charlotte: Verrückt

Peter: Wir kamen auf dieses Thema, weil wir unsere so unterschiedlichen Erkenntnisse unserer beiden jetzigen Inkarnationen verglichen haben. Dabei fiel mir auf, dass wir alle irgendwie nacheinander oder auch gleichzeitig alles an Erfahrungen durchleben müssen, was es nur gibt. Alle Seelen müssen scheinbar da durch. Wir sind also alle auf dem gleichen Weg der Erkenntnis.

Also könnte man auch sehr vereinfacht sagen wir sind alle gemeinsam ein menschliches Wesen so wie es in dem Video formuliert wird. Aber an diesem Punkt stimme ich mit dem Inhalt des Videos nicht überein.

Ich denke, dass wir sehr wohl als getrennte individuelle Seelen mit freiem Willen, erschaffen wurden. Wir sind jedoch alle irgendwie mit einander verbunden.

Und dass die Schöpfung sich erst dann erfüllt, wenn wir das alle über den Weg der Liebe erkannt haben.

Dazu benötigen wir alle, jeder für sich extrem viele Inkarnationen. Aber jeder unterschiedlich viele.

Charlotte: Also sind wir auf diesem "Affenplaneten" gefangen, bis es auch der letzte Dummdödel gecheckt hat??? Oder chillen wir so lange im Jenseits bis alle anderen es auch verstanden haben, worum es geht und dann geht's gemeinsam ab ins Paradies?

Peter: Nein genauso nicht. Wir sind individuell und erreichen individuell entsprechend unserem Bewusstsein und Verhalten im Diesseits immer höhere Sphären.

Aber dieses höhere Bewusstsein führt dazu, dass wir zunehmend wollen, dass alle das erkennen. Und die Folge ist, dass wir mit immer höherem Bewusstsein immer mehr denen mit niederem Bewusstsein helfen höher zu kommen. Das hat eine ungeheure Sogwirkung und führt zum Kippen des Gesamtbewusstsein in Richtung Liebe, höhere Sphären und schließlich zu Gott.

Wir erleben gerade diesen Übergang, so wie es überraschender Weise in den Schriften der vedischen Hochkulturen vorausgesagt wurde.

Der Beginn des 21sten Jahrhundert ist als dieser Zeitraum des Paradigmenwechsel wohl vorhergesehen.

Wir gehen sehr wahrscheinlich zurzeit über von der bisher schlimmsten (bösesten) Zeit der Menschheitsgeschichte in die schönste (liebste) Zeit der Menschheit. Und das geschieht vor unseren Augen im Diesseits.

Wenn man genau hinschaut fällt das deutlich auf.

Das Böse oder die Bösen wehren sich gegen diesen Wandel massiv! Daher die extremen Unruhen, die überall zu sehen sind. Z.B. die Gelbwesten Proteste, die man mittlerweile weltweit und nicht nur in Frankreich findet und der verzweifelte Versuch sie zu unterdrücken. Das kann man also auf der ganzen Welt beobachten. Auch die beiden Weltkriege und die örtlichen Kriege nach dem zweiten Weltkrieg gehören schon zu dieser Entwicklung.

Nur nebenbei: Um das zu erkennen muss man versuchen sich umfassend auch über alternative Medien zu informieren. Das mache ich zunehmend. Wenn man nur Mainstream Informationen konsumiert fällt einem das nicht auf.

Fünfzehntes Gespräch am 9.3.2019

Charlotte: Lese gerade ein Buch über luzides träumen und da stand gerade das hier: "4.Jh. n. Chr. Einige Jahrhunderte später verfasst der Philosoph Augustinus von Hippo einen

Brief indem er detailliert von einem Klartraum (luzider Traum) berichtet. Er sieht ihn als Beweis dafür, daß es ein Leben nach dem Tod geben müsse."

Interessante Verbindung zum Thema leben nach dem Tod. Ich kenne die Hintergründe nicht. Aber alleine die Tatsache, dass jemand das luzide Träumen als Beweis für ein Leben nach dem Tod beschreibt, finde ich interessant.

Peter: Stimmt alles! Augustin war der Kirchenstifter der "katholischen" Kirche (354 bis 430). Seine Mutter war eine Christin aus Karthago, sein Vater war römischer Adliger (Senator?) und gegen das Christentum. Augustin hat in Rom studiert und war extrem gebildet. Sein Studentenleben war geprägt von wilden sexuellen Ausschweifungen in Studentenkneipen in Rom.

Dann kam der Moment wo er dieses Leben nicht mehr wollte. Dann hat er sich zum Entsetzen seines Vaters gegen die "Vernunft der römischen Aristokratie" für das christliche Gedankengut seiner Mutter entschieden.

Er hat von da an seine philosophischen Gedanken in Büchern niedergeschrieben. Er hat versucht alles zu verstehen und zu erklären. Zum Beispiel die Frage was ist Zeit?

Er kam zu etwa folgendem Ergebnis: Zeit (Vergangenheit, Gegenwart, Zukunft) entsteht nur im Denken der Gegenwart. Vergangenheit ist die Erinnerung in der Gegenwart über das was vergangen ist. Gegenwart ist das was man unmittelbar erlebt. Zukunft ist das was man in der Gegenwart sich gerade ausdenkt. Also ist Zeit immerwährende Gegenwart. Es gibt nur Gegenwart.

Dazu passt das was Du gelesen hast über seine persönlichen Erkenntnisse luzider Träume.

Luzide Träume sind wirklich ein unmittelbarer Beweis für ein Leben nach dem Tod. Augustin hat sich genauso wie wir mit dieser Erkenntnis herumgeschlagen!!!

In der vedischen Hochkultur (ca. 3000 Jahre vor Augustin) werden Träume, oder besser die Bewusstseinszustände während des Schlafens als ein zunehmendes Ablösen der Seele vom diesseitigen materiellen Körper erkannt und beschrieben. Wenn dieser Traum "luzide" ist, bedeutet das, dass man diese zunehmende Ablösung in vollem Bewusstsein durchführt. Man trennt sich bewusst mit seiner Seele vom materiellen Körper und geht für eine gewisse Zeit in das Jenseits oder besser: Man erlebt für einen gewissen Zeitraum ganz bewusst, das reine Dasein als geistiges Lichtwesen ohne materielle Behinderung.

Charlotte: Wahnsinn! Was können uns solche Erfahrungen für unser Leben geben? ein temporäres ablösen des Körpers von der Seele. In dem Moment ist ja wirklich ALLES möglich. Haben Träume eine tiefere Bedeutung? Haben sie eine direkte Auswirkung auf unser Seelenwachstum? (Das sind nur meine Gedanken. Ein paar Fragen, die ich mir diesbezüglich stelle. Musst sie nicht beantworten nur wenn es dich auch interessiert)

Und wie real ist ein luzider Traum? Oder ein Traum generell? Wenn ich im Traum ein Bild an meine Wand hänge und dann im wachen Zustand im Diesseits sehe, dass da kein Bild hängt, macht es die Sache weniger real? Beides wird ja durch unser Bewusstsein erschaffen.

Diese (meine) Gedanken kommen alle in Bezug auf das, was die vedische Hochkultur als luzides träumen beschreibt. Also wenn man davon ausgeht, dass die Seele sich vom Körper löst. Materielle Hindernisse gibt es ja dann wirklich nicht.

Und stimmst du dem Modell zu? Wenn sich die Seele löst, sind wir, wenn wir schlafend im Bett liegen dann ohne Seele?

Peter: In einem "die Upanischaden" genannten Teil der Schriften der vedischen Hochkultur werden genau diese Fragen sehr knapp und exakt beantwortet.

Die Upanischaden sind ca. 5000 Jahre alte, in Sanskrit geschriebene Protokolle von Gesprächen zwischen damaligen Forschern und ihren Schülern.

Die Frage nach dem "Bewusstsein" stand dabei im Vordergrund. Um das Bewusstsein zu erforschen gingen diese Forscher in abgeschiedene Gegenden und versuchten dort ungestört in sich selbst das Bewusstsein zu ergründen und zu verstehen. Neben diesen Erforschungen des Bewusstseins und der Seele auf spirituellem Weg also über den Geist, gab es auch schon damals Erforschungen des materiellen Diesseits, die ähnlich wie heute auf physikalisch naturwissenschaftlichem Wege durchgeführt wurden.

Die kürzeste Upanischad das "Mandukya-Upanischad" befasst sich damit am meisten. Darin wird auch das Träumen erklärt. In diesem Fall ist es kein Zwiegespräch. Nur der Lehrer sagt etwas. Er erklärt mit extrem kurzen prägnanten Formulierungen seine Forschungsergebnisse über das Bewusstsein und Gott.
Die unmittelbare Übersetzung aus dem Sanskrit habe ich in *kursiver Schrift* geschrieben. In normaler Schrift stehen meine Erläuterungen.
Zuerst werden die Begriffe <u>AUM</u> und <u>Brahman</u> definiert. Diese beiden Begriffe werden in einem zweiten Teil, auf den ich hier nicht eingehe genauer thematisiert.

Mandukya-Upanischad

<u>AUM</u> steht für die höchste Wirklichkeit. Es ist ein Symbol für das, was war, was ist und was sein wird. AUM symbolisiert außerdem, was jenseits von Vergangenheit, Gegenwart und Zukunft liegt.

Dieser lautmalende Begriff „AUM" erklärt sich durch das hier gesagte von selbst.

<u>Brahman</u> ist alles und das Selbst ist Brahman.

„Brahman" bezeichnet die höchste Göttlichkeit.

"Das Selbst" ist ein Oberbegriff der vier möglichen Bewusstseinszustände der Seele der auch den ursprünglichsten
tiefsten göttlichen (von Gott stammenden) Bereich der Seele
mit einbezieht. Nicht zu verwechseln mit dem "Ich" des
Diesseits, dem Bewusstseinszustand der Seele der eher unseren oberflächlichen Geisteszustand im Diesseits beschreibt.

Dieses Selbst hat vier Bewusstseinszustände:

*Der erste wird Vaishvanara genannt: In ihm lebt man mit
durchweg nach außen gewendeten Sinnen, nur der äußeren
Welt gewahr und inne.*

*Taijasa ist der Name des zweiten, des Traumzustandes, in
dem man, bei durchweg nach innen gewendeten Sinnen, die
Eindrücke vergangener Taten und gegenwärtiger Begehren
in Szene setzt.*

*Prajna nennt man den dritten Zustand, den Tiefschlaf, in
dem man weder träumt noch begehrt. In Prajna gibt es den
Geist nicht und keine Getrenntheit aber der Schlafende ist
sich dessen nicht bewusst. Möge er zu Bewusstsein kommen
in Prajna: Das öffnet gewisslich die Tür zum Zustand blei-
bender Freude.*

Mit „Getrenntheit" ist das Gefühl gemeint, welches entsteht,
wenn die Seele im Wachen wie auch im Traum mit ihrem

Geist die Dinge als außerhalb von sich selbst wahrnimmt. Aus diesem Gefühl heraus formulierte z.B. Renée Descartes seinen Dualismus. Es gibt zwei unabhängige Realitäten:
1. Die Seele oder das Bewusstsein und 2. Alle Erscheinungen der äußeren Materie. Mit dieser damals sicher revolutionären Idee lag er trotzdem falsch.

Der nächste Absatz beantwortet Deine Frage "Wenn sich die Seele löst, sind wir, wenn wir schlafend im Bett liegen dann ohne Seele?".
In dieser „Prajna" genannten Phase des Tiefschlafs trennt sich die Seele vom Körper und geht vorübergehend ins Jenseits. Um den Körper weiterhin am Leben zu erhalten ist die Seele mit einem dünnen "Silberfaden" noch mit dem Körper verbunden. Beim Tod wird auch dieser "Silberfaden" durchtrennt, sodass der materielle Körper stirbt.
Prajna, allmächtig und allwissend, wohnt als der Herrscher in den Herzen aller Wesen. Prajna ist der Ursprung und das Ende aller Wesen.

Der vierte ist der überbewusste Zustand namens Turiya, weder nach innen noch nach außen gekehrt, jenseits der Sinne und des Verstandes: In ihm gibt es keinen anderen als den Herrn. Er ist das höchste Lebensziel. Er ist unendlicher Frieden, grenzenlose Liebe. Realisiere ihn.

Meine Interpretation oder besser meine Erklärungsversuche dieses Upanischads:

Der erste Zustand ist das Wachsein.
Das Bewusstsein besteht aus Sinneswahrnehmungen des wachen Geistes, die auf das äußere Diesseits gerichtet sind. Dabei bewegen wir den Körper um Dinge mühsam im Diesseits zu gestalten oder sogar neues zu erschaffen. Der wache Geist, das „Ich", beschäftigt sich nur damit.

Der zweite Zustand ist der Traum.
Die noch aktiven Sinneswahrnehmungen sind jetzt nach innen gerichtet. Wir erschaffen uns eine innere Wirklichkeit bestehend aus unseren vergangenen Taten mit allen negativen, angstbesetzten und positiven, glücklichen Erinnerungen und unseren Begierden. Dieses Schauspiel erleben wir dann mit unseren Sinnesorganen aus der Ich Perspektive, also als „Getrenntheit". Der immer noch wache Geist beschäftigt sich jetzt mit dem eigenen Film. Der Körper wird nicht mehr bewegt, oder nur sehr gering (Zuckungen der Augen oder selten auch der Extremitäten). Diese Traum-Realität erschaffen wir uns unabhängig von materiellen und körperlichen Hindernissen. Der Geist ist Betrachter und Schöpfer dieses "Films über das eigene Dasein" in einer Person. In diesem Zustand, den man träumen nennt, spielen wir mit unseren Taten und Begierden.

Der dritte und vierte Zustand sind naturgemäß, weil sie oh-

106

ne Bewusstsein (oder besser nur extrem selten mit Bewusstsein) ablaufen nur schwer zu verstehen und zu erklären. Man kann sich an den Forschungen der vedischen Hochkultur orientieren. Ich habe in meinen Erklärungsversuchen nicht nur dieses Wissen verwendet, sondern auch Informationen aus anderen Quellen.

Der dritte Zustand ist der Tiefschlaf.
Im Tiefschlaf sind der Geist und die Sinnesorgane ausgeschaltet. Die Seele nimmt vorübergehend Kontakt mit dem Jenseits auf ohne sich dessen bewusst zu werden. Was während diesen Kontaktaufnahmen im Jenseits geschieht, weiß man nicht. Man kann es nur vermuten: Zum Beispiel Kontakt mit unseren Beratern, und/oder Zugang zu unserem ursprünglichen Lebensplan. Eventuell kommt es dabei zu Erkenntnissen wie wir uns in einer Problemsituation entscheiden sollen. Darauf beruht wohl die uralte Weisheit, daß man erst einmal eine Nacht lang über ein schwierig zu lösendem Problem schlafen soll, bevor man sich entscheidet.

Man kann solche Abtrennungen der Seele des dritten Zustandes wohl auch mit erhaltenem Bewusstsein durchführen. Das können hochtrainierte Yogis.

Der letzte Zustand ist das göttliche in uns. Oder besser es ist der Kontakt unserer Seele mit Gott. Vielleicht ähnlich den Gotteskontakten, wie sie in Nahtod-Erfahrungen beim Eintritt in das Licht beschrieben werden.

Zu Deiner Frage: „Haben Träume eine tiefere Bedeutung? Haben sie eine direkte Auswirkung auf unser Seelenwachstum?"

Ich sehe die Bedeutung der Träume darin, daß wir im Traum unsere „noch vorhandenen" Ängste und Glücksgefühle im Zusammenhang mit unseren vergangenen Taten und unseren noch vorhandenen Begierden von unserem Geist im höheren Bewusstseinszustand gezeigt bekommenen. Unsere Seele hat dadurch die Möglichkeit fast spielerisch ihre karmische Bindung ans Diesseits zu erkennen.

Insofern haben Träume sehr wohl eine, wenn auch nur mittelbare Auswirkung auf unser Seelenwachstum.

Jetzt noch zu Deiner Frage: „Wenn ich im Traum ein Bild an meine Wand hänge und dann im wachen Zustand im Diesseits sehe, dass da kein Bild hängt, macht es die Sache weniger real?"

Der Wachzustand und der Traum sind voneinander getrennte Bewusstseinszustände der Seele. In beiden Zuständen können wir zwar etwas Erschaffen, diese Schöpfungen lassen sich jedoch nicht übertragen, da im Diesseits durch die Materie eine einfache Schöpfung, wie sie im Traum möglich ist, behindert wird. Das Diesseits und die Materie sind von Gottes Bewusstsein und unser aller Bewusstsein (als wir noch unmittelbar Teil Gottes waren?) schon vorher erschaffen worden. Deswegen können wir es im wachen Zustand durch unser Bewusstsein nicht einfach verändern. Daran hindern uns die ebenfalls erschaffenen Gesetze der

Physik. Wenn wir mit unserem Bewusstsein das Diesseits verändern wollen, also etwas neu erschaffen wollen, können wir das zwar, aber nur mittelbar durch anstrengendes Bewegen von Materie.

Im Traum ist unser Bewusstsein frei von materieller Behinderung beim Schöpfungsakt. In diesem Zustand können wir unmittelbar Realitäten erschaffen, die von unseren nach innen gerichteten Sinnen dann auch erlebt werden können. Deswegen ist der Traum auch eine höhere Stufe des Bewusstseins. Wir werden zu unmittelbaren Schöpfern. In der vedischen Hochkultur wird die gesamte Schöpfung als ein einziger Traum Gottes bezeichnet.

Der luzide Traum ist dabei eine Steigerung. Das Bewusstsein erkennt seine Schöpferkraft und kann noch unmittelbarer erschaffen. Das ist, wenn man so will, dem Schöpfungsakt Gottes noch ein bisschen ähnlicher. Ich glaube, dass ich jetzt auf alle Fragen geantwortet habe.

Wo bist Du im Moment?

Charlotte: In meinem Zimmer

Peter: Deutschland oder England?

Charlotte: England.

Peter: geil

Charlotte: Haha wieso?

Peter: Ich merke einfach, wenn Du von zu Hause weg bist, bist Du „frei" und hast die tollsten Gedanken und Fragen. Und deshalb wollte ich wissen wo Du bist, weil Du wieder so tolle Fragen gestellt hast.

Charlotte: Da hast du recht. Das merke ich auch.

Sechzehntes Gespräch am 10.03.2019

Charlotte: Frage: wir hatten ja schon mal drüber gesprochen, dass ständig komplett neue Seelen auf die Erde kommen? Dadurch, dass wir ja immer mehr Menschen werden, müssen ja auch immer neue Seelen entstehen. Mal ganz davon abgesehen, dass wir reinkarnieren und die meisten Seelen immer wieder auf die Erde kommen.

1. stimmt das, dass immer weitere Seelen entstehen?
2. hört das irgendwann auf? Denn junge Seelen müssen ja noch super viel lernen, um zur puren Liebe zu kommen. Deshalb gibt es ja junge, mittelalte und alte Seelen. Aber wenn wir davon ausgehen, dass die Erleuchtung irgendwann kommt, dann bedeutet das ja, dass JEDE Seele erleuchtet wird. Passiert das auf einmal? Und wie, wenn immer weitere junge Seelen dazukommen? Hört Gottes Bewusstsein irgendwann damit auf, Bewusstseinsabspaltungen auf die Erde zu schicken?

Ich hoffe du weißt, was ich meine. Ich kann nur ganz schlecht erklären.

Peter: Zur Entstehung und Anzahl der menschlichen Seelen gibt es verschiedene Theorien. Die wahrscheinlichste zuerst.

1. Gott hat alle menschlichen Seelen auf einmal erschaffen. Dabei geht man von etwa 15 Milliarden aus. 6,7 sind etwa zurzeit inkarniert. Mehr als die Hälfte sind im Jenseits.

Es gibt also noch lange genug Seelen die noch als Menschen auf die Erde kommen können. Einen Mangel an Seelen wird es daher nie geben. Die meisten dieser Seelen inkarnieren immer wieder.

Manche davon haben wohl noch nie inkarniert. Die haben daher auch keine hohe Entwicklung ihres Bewusstseins. Diese könnte man dann auch als junge unerfahrenen Seelen bezeichnen.

2. Gott erschafft immer noch neue Seelen. Dann wäre keine Begrenzung der Anzahl vorhanden und man kann die Unterscheidung des Seelenalters besser verstehen.

Ich halte die erste Theorie für die wahrscheinlichere. Vielleicht ist es auch irgendwie eine Mischung.

Die Erleuchtung der Seelen kommt für jede einzelne Seele völlig individuell zu unterschiedlichen Zeitpunkten entsprechend der Entwicklung (Evolution) ihres Bewusstseins. Diese Bewusstseins Evolution hängt von jedem selbst ab.

Darüber entscheiden wir durch unseren freien Willen. Hilfe kommt durch die Engel und andere höher entwickelte menschliche Seelen.

Zurzeit leben wir in einem Paradigmenwechsel. Dieses Wissen verbreitet sich immer schneller, sodass immer mehr Seelen schneller weiter voranschreiten werden.

Gott hat nicht nur die Seelen der Pflanzen, Tiere und Menschen erschaffen. Er hat daneben sehr viele andere Licht-Wesen erschaffen die nicht inkarnieren und in den jenseitigen Sphären bleiben. Dazu zählen besonders die Engel, wahrscheinlich sind sie identisch mit den in der vedischen Hochkultur beschriebenen Devas, die im Hinduismus auch Halbgötter genannt werden. Sie haben vermutlich einen eingeschränkten freien Willen, inkarnieren nicht und kennen nur die Liebe zu Gott und den Menschen. Sie dienen vor allem den Menschen um deren Bewusstsein zu fördern. Sie bewundern und lieben uns dafür, dass wir den Mut haben zu inkarnieren um uns zu entwickeln. Dafür versuchen sie uns zu schützen damit wir unseren Lebensplan erfüllen können. Sie kennen die Geheimnisse der Seele und ihre Verbindung mit dem diesseitigen materiellen Körper und helfen uns mit diesem Wissen bei den Übergängen in den Körper und wieder heraus: Der Geburt und dem Tod.

Es sind wahrscheinlich auch unsere wichtigsten Berater und besprechen am Ende des Lebens mit uns den Erfolg oder Misserfolg.

Charlotte: Und wie ist Gott auf 15 Milliarden gekommen?

Peter: Das weiß ich nicht. Das sind nur Schätzungen. Ich weiß leider nicht mehr wo ich die Zahl herhabe.

Siebzehntes Gespräch am 14.3.2019

Peter: Ich habe gestern ja wieder meinen Vortrag über das Jenseits in der Volkshochschule in Eschwege vor 22 Teilnehmern gehalten. Es war toll! Es ging von 19.00 bis 22 Uhr. Also 1 Std. länger als geplant ohne Pause. Es wurden am Ende wieder viele Fragen gestellt.

Aber der Hammer war eine ältere Frau die im Anschluss an meinen Vortrag von ihrem eigenen 40 Jahre zurückliegenden sehr umfangreichen Nahtodes-Erlebnis erzählt hat. Sie hat alles bestätigt, was ich erzählt habe. Besonders die extreme Realität des Jenseits und das überwältigende Liebesgefühl, dass ihr entgegengebracht wurde. Sie hatte Kontakt zu drei Lichtwesen. Bei dem einen vermutet sie, dass es ihr Großvater war. Auch sie wollte nicht zurück.

Sie hat sogar die blühenden Landschaften und die herrlichen Wiesen gesehen und war begeistert von dieser wunderschönen intensiven Realität.

Das war phantastisch. So authentisch habe ich es noch nie gehört. Für mich ist es Wissenschaft, vor allem Quantenphysik. Aber die, die es selbst erlebt haben brauchen keine Physik und keinen wissenschaftlichen Zugang um es zu wissen. Das ist beeindruckend so einen erfahrenen, wissenden Menschen unmittelbar reden zu hören. Man kann ihn direkt nach allem ausfragen. Das haben die Teilnehmer gemacht. Sie hat sich bei mir bedankt, dass ich dieses Wissen auf wissenschaftlicher Basis in diesen Vorträgen darstelle. Sie hält das für notwendig damit es sich rumspricht. Denjenigen die es selbst gesehen haben glaubt man zu wenig.

Charlotte: Ach, wie schön!!! Freut mich wirklich, dass das so gut gelaufen ist!!! Wäre zu gerne dabei gewesen.

Geht man davon aus, dass das Jenseits dem diesseits optisch ähnlich ist?

Peter: Die Sphäre wo die meisten hinkommen ist genauso wie hier. Nur alles extrem viel schöner und vor allem viel realer. Der Himmel ist blau. Über den Himmel fliegen Lichtwesen die auch singen. Eine Sonne gibt es nicht, dafür ist alles gleichmäßig von Licht durchflutet. Die Flüsse sind sauber und blau. Das Wasser ist glasklar und angenehm kühlend und es perlt sofort ab, wenn man gebadet hat, die Wiesen grüner, Die Bäume grösser und einfach schöner. Die Blumen singen ganz leise und unaufdringlich. Die Städte dürfen nur in historischem Stil gebaut werden. Griechisch, Römisch, Gotisch usw. Es muss alles zu einander passen sonst darf man es nicht bauen.

Man wohnt in individuellen Wohnungen, angepasst an den Stand des Bewusstseins und entsprechend seinem liebevollen Verhalten in der letzten Inkarnation.

114

Charlotte: Wie ist man darauf gekommen? Durch Erzählungen von Nahtod-Erfahrungen?

Peter: Nur zum Teil durch Berichte aus Nahtod-Erfahrungen. Das sind vor allem Berichte von Seelen aus dem Jenseits, die medial begabten Menschen diktiert wurden. Hier die drei wichtigsten Fälle von Berichten aus dem Jenseits:

1. Dr. Frederic Myers

Berühmtester wissenschaftlich erwiesener medialer Kontakt mit dem Jenseits sind die, nach seinem Tode verschiedenen Schreib-Medien diktierten Berichte von Dr. Frederic Myers, Professor für klassische Philologie an der Cambridge-Universität und Präsident der Britischen Gesellschaft für Parapsychologie. Diese Gesellschaft wurde 1882 vom Cambridge-Professor Henry Sidgwick gegründet und besteht bis heute.

Darin beschreibt er sehr genau auf mehr als 1000 handgeschriebenen Seiten die 7 Hauptstadien des jenseitigen Lebens.

Als typisch britischer wissenschaftlicher Pedant war es ihm extrem wichtig die Echtheit seiner Berichte für das Diesseits zu beweisen. Deshalb meldete er sich bei Schreibmedien in Amerika und Europa, die sich gegenseitig nicht kannten, und gab ihnen immer nur Bruchstücke von Texten zusammen mit der Adresse des Mediums, das die Fortsetzung bekommen sollte. Die Fragmente ergaben erst dann Sinn, wenn man sie nach einem ganz bestimmten Code zusammensetze. Das dauerte 25 Jahre lang. Jedes Fragment wurde von Dr. Myers schreibmedial signiert, und die Unterschrift war bei all den verschiedenen Medien immer die gleiche.

Quellennachweis: Armin Risi „Unsichtbare Welten" 8.Auflage 2017 Seite 77 und 78.

2.Anthony Borgia. Das Leben in der unsichtbaren Welt.
10. Auflage 2016
Anthony Borgia (1896-1989) war ein bekanntes Medium, dessen Kontakte zum Jenseits unter Jenseitsforschern als authentisch anerkannt sind. Seine intensive Kommunikation mit dem verstorbenen katholischen Priester Monsignore Robert Hugh Benson (1871-1914), den er zu dessen Lebzeiten gekannt hatte, ist Inhalt seiner Bücher. Sie beschreiben das Leben im Jenseits aus der Sicht von Benson und zeichnen ein klares Bild vom Leben nach dem Tod.

3.Beatrice Brunner
Ein berühmtes und ebenfalls anerkannt vertrauenswürdiges Medium war Beatrice Brunner (1910-1983). Sie dokumentiert in ihrem kurzen Büchlein „Was uns Erwartet" 12 medial diktierte Erlebnisberichte von Seelen aus dem Jenseits. Darin berichten vollkommen unterschiedliche Menschen was sie beim Übergang ins Jenseits erlebt haben.
1. Auflage 2017.

Darüber hat auch schon Rudolf Steiner im 19 zehnten und

Anfang des 20 zigsten Jahrhunderts berichtet und Vorträge gehalten. Er war ein hochgebildeter Fachmann der vedischen Hochkultur.

Ich habe von Gabriele über ihn genaueres gehört. Sie ist wie Erhard Anthroposophin und in ihrer Einstellung zum Leben stark von Steiner beeinflusst. Jetzt studiere auch ich Rudolf Steiner.

Charlotte: Sterben ist ein hässliches Wort. Ich finde, wir sollten lieber sagen, dass wir verblühen. Erst wachsen wir, dann leben wir eine gewisse Zeit und dann verblühen wir langsam, bis die Erde unseren Körper irgendwann wiederhat. Dann dauert es eine Weile, bis wir wiederkommen. Und dann fangen wir wieder an zu blühen. Nicht jedes Jahr. Aber in jedem Leben.

Peter: Das ist eine schöne Beschreibung dessen was unseren diesseitigen Körpern passiert.

Für die Seele ist es eigentlich genau umgekehrt. Wenn der Körper verblüht wird die Seele endlich befreit und blüht auf. Wenn die Seele wieder inkarniert ist es als ob sie ihre Heimat wieder verlassen muss und in einem einengenden Körper eingesperrt wird. Wenn man diesen Körper dann auch noch vernachlässigt, dann wird das Ganze ein Martyrium.

Charlotte: Stimmt.
Ich führe übrigens ein Buch, indem ich immer alle meine

Gedanken aufschreibe. Ganz oft kommt darin vor, dass ich mich eingesperrt fühle. Stimmt ja auch, wenn man weiß, dass die Seele eingesperrt ist, wenn man Mensch ist.

Peter: Richtig

Charlotte: Frustrierend.

Peter: Ich empfinde es so:
Da ich mit der Zeit viele Zusammenhänge verstanden habe, weiß ich, dass ich vorübergehend Mensch bin um mich zu verbessern. Und da ich weiß, dass das im Diesseits am besten geht, setze ich alles daran, die Zeit im Diesseits zu nutzen um meine Ziele zu erreichen:

Zum Beispiel Liebe zu erlernen, also ein liebevoller Mensch zu werden. Dann meine negativen Karma-Verbindungen zu anderen Menschen aus vorangehenden Inkarnationen und der jetzigen abzubauen oder zumindest zu verringern.

Darunter verstehe ich um Verzeihung zu bitten und andererseits zu vergeben.

Dann versuche ich das Wissen über das Jenseits zu verbreiten, damit auch andere die Dinge verstehen und sich schneller verbessern können.

Je länger ich hier in einem gesunden Körper bleiben kann umso weiter komme ich in dieser Inkarnation und um so mehr kann ich mich auf das Jenseits freuen.

Charlotte: Ich finde es schwierig die Balance zu finden zwischen „ich bin unzufrieden, ich werde etwas ändern" und „ich bin gerade unzufrieden, ich sollte hierbleiben, weil ich was daraus lernen kann." Weißt du was ich meine?

Flüchtet man vor einer Situation aus Selbstliebe oder bleibt man, weil man was lernen muss?

Wenn mein Leben hauptsächlich erfüllt ist und ich wirklich glücklich bin, habe ich dann den Zweck meiner Inkarnation verfehlt, weil das Leben nicht hart war?

Mir ist bewusst, dass kein Leben perfekt ist. Aber nur theoretisch betrachtet. Wann hat man verloren in seiner Inkarnation?

Peter: Wenn man sich einem Problem stellt und es versucht zu lösen, obwohl es unangenehm und anstrengend ist, dann ist das für die Entwicklung der Seele, ganz sicher ein Gewinn.

Wenn Du zeitweise ein erfülltes und glückliches Leben führen kannst (natürlich ohne auf Kosten anderer), dann ist das genau der Sinn Deiner Inkarnation. Dann ist die Verstrickung in negatives Karma zumindest gering. Das ist dann durchweg positiv zu sehen.

Charlotte: Singende Blumen. Darüber will ich eine Geschichte schreiben.
Peter: geil!

Charlotte: Wenn die Wohnungen im Jenseits nach dem Stand des Bewusstseins gebaut werden, heißt das dann, daß sehr liebevolle Seelen schöne Wohnungen bekommen und hasserfüllte Seelen in Drecklöchern Leben?

Peter: Genauso ist es. Es sind vielleicht nicht "Drecklöcher", wo die Seelen hinkommen die sich zu oft für das Böse entschieden haben, aber es sind sehr primitive Behausungen. Z.B. eine simple Ein-Zimmer- Baracke mit einer Tür und einem Holz Bett in einem nebligen schattigen halbdunklen Wald oder noch schlimmer ein simples rechteckiges einstöckiges Steinhaus mit einem Zimmer in einer nebligen Steinwüste. Dort hausen sie dann, meist ohne zu verstehen, daß diese Umgebung das Jenseits ist und daß diese Umgebung ihrem Bewusstseins Zustand oder besser ihrer seelischen Entwicklung im letzten Erdendasein angepasst ist. Daß das der „Tod" ist, daß also nur ihr Körper sterben kann und auch gestorben ist, verstehen sie nur sehr langsam. Wenn überhaupt.

Dazu gibt es ein tolles kurzes Buch: "Was uns erwartet" von Beatrice Brunner. Das sind 12 kurze Erlebnisberichte aus dem Jenseits die den Übergang ins Jenseits von verschiedenen Seelen beschreiben. Darin werden, angepasst an die seelische Entwicklung, die Behausungen und die Bekleidung der Seelen beschrieben. Das ist völlig individuell. Da kann man erkennen, dass der überlieferte Satz von Jesus "ihr erntet was ihr sät" völlig real gemeint ist.

Charlotte: In dem Zusammenhang noch eine Frage zur Entwicklung der Seelen. Kann sich eine Seele auch „verjüngen", durch schlechte Entscheidungen? Es geht ja immer darum, daß man als Seele „wächst" bzw. reifer und liebevoller wird. Aber gibt es dann auch das Gegenteil, wo man die Leiter quasi wieder herunterklettert?

Peter: Das hängt von der Höhe der erreichten Stufe des Bewußtseins ab. Je tiefer die erreichte Stufe ist, umso leichter kann man auch wieder zurückfallen. Wenn man eine hohe Bewußtseins Stufe erreicht hat, wird es immer schwieriger wieder auf eine tiefere Stufe zurückzufallen. Denn je höher die Stufe um so bewusster wird einem die damit verbundene Verantwortung für die Folgen des eigenen Handelns. Dadurch fällt es einem schwerer wieder zurückzugehen. Gleichzeitig wird man mit höherem Bewußtsein auch angstfreier und glücklicher. Dadurch fällt es einem wiederum leichter nicht zurückzufallen.

Achtzehntes Gespräch am 3.4.2019

Charlotte:
1. wie definierst du den Begriff ‚Seelenverwandt'?
2. Diese Engel bzw. Seelen, die als Berater dienen, schauen
   sie sich durchgehend an, was ich mache?

Peter:
Zu 1: "Seelenverwandtschaft" entsteht sehr wahrscheinlich
vor allem dadurch, daß man sich über mehrere Inkarnationen schon sehr gut kennt und sich immer wieder, sei es im
Jenseits oder Diesseits trifft, weil man in etwa auf dem gleichen Bewusstseinszustand ist und sich dadurch zueinander
hingezogen fühlt.

zu 2: Ich gehe nach allem was ich darüber gelesen habe davon aus, daß unsere Engel oder Berater sich wirklich alles
anschauen oder zumindest mitbekommen was wir während
unserem Leben machen. Ihre Beobachtungen, ihre Hilfen
und Beratungsversuche sind wohl lückenlos. Nur so ist es zu
erklären, dass sie nach unserem Tod, mit unserer Seele
wirklich jedes Detail unserer letzten Inkarnation besprechen
und beurteilen können.

Wenn es menschliche Wesen sind, dann sind es sicher
solche die nicht mehr inkarnieren. Nach allem was ich bis
jetzt darüber weiß, denke ich jedoch, dass sie eine eigene
Wesenheit sind.

Entsprechend der Mandukya-Upanischad über die vier

Bewusstseins Zustände, gehe ich auch davon aus, dass wir im Tiefschlaf mit ihnen und/oder unserem Plan irgendwie Kontakt aufnehmen.

Deshalb sehe ich Inkarnationen als ein bei weitem nicht un-unterbrochenes Dasein der Seele nur auf einer Seite, näm-lich dem Diesseits und der Erde. Wir wechseln zwischen Jenseits und Diesseits sozusagen täglich. Unser (allein dies-seitiger) Körper bleibt in einem Tod ähnlichem Ruhezu-stand vorübergehend allein zurück. Verbunden mit der Seele über den Leben spendenden Silberfaden. Wir sind uns dessen aber natürlich nicht bewusst. Das darf auch gar nicht sein. Das Diesseits bleibt dadurch für unser Ich-Bewusst-sein im Wachzustand knall harte Realität. Nur so können wir im Laufe einer Inkarnation lernen.

Das Diesseits ist regelrecht in das viel größere und umfang-reichere Jenseits eingebettet, als die unterste und durch die Materie am stärksten verdichtete Sphäre. So ähnlich be-schreibt es Dr. Christian Hellweg (Physik und Medizin Stu-dium) vom Max-Planck-Institut für biophysikalische Chemie in Göttingen:

„Was wir Diesseits nennen, ist im Grunde die Schlacke, die Materie, also das was greifbar ist. Das Jenseits ist alles Üb-rige, die umfassende Wirklichkeit, das viel Größere. Das, worin das Diesseits eingebettet ist. Insofern ist auch unser gegenwärtiges Leben bereits vom Jenseits umfangen."

Charlotte: Dauert es deshalb ca. 40 Jahre im Jenseits bevor man wieder inkarniert? Weil man ein ganzes Leben zu besprechen hat?

Peter: Ich beschreibe Dir jetzt mal alles was ich bisher darüber gefunden und verstanden zu haben glaube.

Ich denke diese 40 Jahre hängen, so wie Du es sagst, mit der Entwicklung unserer Seelen, während ihrer Inkarnation im Diesseits zusammen.

Wenn man eine schon etwas höher entwickelte, liebevolle Seele ist kommt man in die unterste der "schönen" Sphären. Das sogenannte "Sommerland". Manche, die sich im Diesseits sehr bewusst liebevoll entwickelt haben, kommen nach ihrem Tod auf kürzestem Weg dorthin. Sie werden von ihren Engeln und Verwandten (falls diese im Sommerland sind) liebevoll und freudig empfangen und auf diesem Weg begleitet ohne durch das Schattenland zu müssen.

Manche gehen jedoch, nach ihrem Lebensrückblick und der damit verbundenen Konfrontation mit den Auswirkungen ihrer häufigeren bösen Taten erst durch eine Phase der Läuterung im Schattenland. Diese Konfrontation mit den emotionalen und schicksalhaften Auswirkungen der eigenen Taten, den guten wie den bösen, auf die betroffenen Menschen und ihren Lebensweg, geschieht in einem dreier Gespräch. Dabei helfen einem die Engel sich vollständig selbst zu erkennen. Es wird von ihnen kein strafendes Urteil gefällt! Sie dienen immer nur zur Hilfe für die bewusste lückenlose Selbsterkenntnis. Die Engel geleiten die Seelen dann, nach diesem Lebensrückblick ins Schattenland. Dort

124

wird der Seele eine einfache Hütte zugewiesen. Die Engel lassen sie dann dort allein. Die Seelen können dort machen was sie wollen. Ihr freier Wille bleibt erhalten. Sie können sogar zur Erde zurückgehen. In dieser Phase der Läuterung können sie über sich selbst nachdenken, müssen es jedoch nicht. Sie haben dort also die Möglichkeit durch Reflexion ihre (immer noch) bösen Entscheidungen der letzten Inkarnation zu bereuen und den Wunsch in sich zu entwickeln, dass sie sich verbessern wollen. Oft wollen diese Seelen dann so schnell es geht wieder inkarnieren um alles wieder gut zu machen was sie anderen angetan haben.

Wenn dieser Wunsch entstanden ist, werden sie von ihren Engeln irgendwann überraschend abgeholt und in einen schöneren Platz im untersten Bereich des Sommerlands gebracht. Dort werden sie auf eine mögliche Inkarnation vorbereitet. Erst wenn ihre Seelen mit dem Wunsch auf Besserung so gefestigt sind, dass eine Besserung in der nächsten Inkarnation möglich wird, dürfen sie inkarnieren.

Sie können jedoch auch im Jenseits bleiben. Auch dort ist eine Entwicklung der Seele möglich. Es dauert nur sehr viel länger. Aus all dem kommt wohl diese durchschnittliche Zeit-Phase von 40 Jahren im Jenseits zustande.

Höher entwickelte Seelen inkarnieren sicherlich seltener. Durch Gewalteinwirkung früh gestorbene, inkarnieren in noch kürzeren Abständen.

Charlotte: Noch eine Frage: Seelenverwandte wollen sich also im Diesseits treffen, weil sie sich schon kennen. Werden diese Seelen dann im gleichen Raum geboren, damit sie sich von Anfang an schon nah sind? Oder kann es sein, dass man ein paar seiner Seelenverwandten erst nach 50 Jahren irgendwo findet? Ist das Zusammentreffen Zufall oder wird schon vorher geplant, wann man sich wo trifft und ob man sich überhaupt in der Inkarnation wiedersieht?

Peter: Deine Beschreibung trifft es sehr genau. Dabei ist das meiste wohl Planung. Auch wenn man sich erst nach 50 Jahren trifft.

Charlotte: Das ist ja eigentlich eine schöne Vorstellung zu wissen, dass man sein ganzes Leben noch auf seelenverwandte treffen kann.

Peter: Das ist wunderbar. Übrigens habe ich die Info über den Übergang der verschiedenen Seelen aus dem Buch von Beatrice Brunner. "Was uns Erwartet. 12 Erlebnisberichte aus dem Jenseits." 1. Auflage 2017.

Petra und ich haben uns erst nach 50 Jahren für Petra und 65 Jahren für mich getroffen.

Charlotte: Hast du das sofort gemerkt als du sie das erste Mal kennen gelernt hast?

Peter: Nein, ich war zu sehr durch Trennung und Scheidung abgelenkt. Petra jedoch hat es unmittelbar gemerkt beim ersten Zusammentreffen in einer Kneipe. Wir haben uns dort "zufällig" getroffen und toll zusammen Rock 'n Roll getanzt. Erst ein halbes Jahr später haben wir uns bei einem Griechen wiedergesehen. Dabei kam es zu einer Motorrad Tour. Danach war alles auch für mich offensichtlich.

Petra hat es, wie gesagt schon nach den ersten Treffen genau gewusst, dass wir zusammengehören und trotzdem ganz bewusst nichts unternommen mich zu kontaktieren. Sie spürte deutlich, dass sie einfach nur abwarten muss.

Charlotte: Wow

Peter: Es ist wirklich unfassbar.
Wir beide hatten davor einige "unvollkommene" Beziehungen. Wir haben also beide unabhängig von einander in unserem jetzigen Leben extrem viel über Beziehungen und Liebe gelernt. Mir erscheint unsere Liebe wie ein Geschenk oder eine Belohnung, nach all dem was wir vorher erlebt haben. Petra geht es ähnlich.

Charlotte: Oh das ist so schön! So muss es doch sein.

Peter: Zumindest bei uns ist es so.

Charlotte: Also was Liebe angeht bin ich entweder ganz am Anfang oder am Ende des Lernprozesses. Ich weiß es nicht. Ich meine die Beziehungs-Liebe. Nicht die Liebe im Allgemeinen.

Peter: Du wirst es rausfinden. Du stehst erst am Ende des ersten Viertels oder Fünftels Deiner Inkarnation.

Charlotte: Ja, früher oder später werde ich das wohl.

Peter: Das kommt hundertprozentig. Das ist eines von den Dingen die Du unbedingt wissen willst.

Neunzehntes Gespräch am 6.4.2019

Charlotte: Welche Rolle spielt das Gehirn?
Hier als Menschen brauchen wir das ja, um Bewusstsein zu erlangen? Wie funktioniert das im Jenseits?

Peter: Um Dir verständlich antworten zu können versuche ich erst einmal Ordnung in die Begriffe zu bringen, welche die verschiedenen Aspekte der "Seele" beschreiben.

Der Begriff "die Seele" ist dem Begriff "das Selbst", der in den Upanischaden verwendet wird gleichzusetzen.

Die Seele (das Selbst) hat vier Bewusstseinszustände so wie es in der Mandukya-Upanischad beschrieben wird.

Das unterste Bewusstsein ist das Bewusstsein des Wachseins im Diesseits. Dieses Bewusstsein besteht aus einem ganz auf das Diesseits gerichteten Ich-Gefühl und einem denkenden Geist.

Wenn das Ich extrem auf den Besitz von viel Materie und auf diesseitige Macht Erlangung ausgerichtet ist, wird es auch "das Ego" genannt.

Jetzt zu Deiner Frage: Wir brauchen das Gehirn für keine dieser 4 Bewusstseinsformen. Auch nicht für die unterste Form des Bewusstseins, den denkenden Geist und das Ich-Gefühl. Wir brauchen das Gehirn nur um darüber unseren Körper im Diesseits zu steuern.

Das Gehirn ist also nicht der Ort wo ein Bewusstsein entsteht! Unser Bewusstsein und auch das Gedächtnis existieren und sind in ihrer Funktion unabhängig vom Gehirn. Dieses unterste Bewusstsein steuert sogar mit Hilfe seiner Seele (dem Selbst) das Gehirn. Dieser unbewusste Kontakt der Seele mit dem Gehirn und auch mit allen anderen Zellen des Körpers, geschieht eventuell über Quantenphysikalische Mechanismen auf Zellebene im Bereich der kleinsten Zellorganellen den Mikrotubuli. Auf die Idee quantenmechanische Ereignisse im Bereich der Mikrotubuli zu vermuten und diese mit dem Bewußtsein in Verbindung zu bringen, kam als erster Sir Roger Penrose, ein englischer Mathematiker und theoretischer Physiker. Er hat diese Phänomene jedoch noch als Ursache des Bewusstseins im Sinne des monistischen Materialismus gedeutet. Das Gehirn dient der Seele, genauer dem untersten Ich-Bewusstsein um sich über den Körper im materiellen Diesseits zurechtzufinden und mit der Materie zu interagieren.

Der Teil der Seele der diesem denkenden Geist und dem wachen Ich-Bewusstsein entspricht, befindet sich auch nicht mitten im Gehirn, sondern im Bereich des vorderen Teils des Großhirns (hinter der Stirn) und ragt über die Stirn kurz nach vorne hinaus. Das kann man leicht feststellen indem man die Augen schließt und sich darauf konzentriert wo man denkt. Der Ort liegt knapp vor der Stirn und ist unscharf begrenzt.

Auch die Erinnerungen an unser Leben das "Lebensgedächtnis" sind mit der Seele verbunden und nicht mit dem Gehirn.

Die Seele mit ihrem Bewusstsein und ihren Erinnerungen trennt sich, wenn man stirbt vom Körper. Deshalb sind wir im Jenseits genau die gleichen und können uns vollständig erinnern. Dazu brauchen wir kein Gehirn.

Die Gedächtnisleistung des Gehirns besteht im Erlernen von motorischen Abläufen für die Bewegung des Körpers im Diesseits um zum Beispiel zu laufen, zu singen, Gitarre zu spielen, zu tanzen, usw.

Demenz zum Beispiel ist eine Erkrankung des Gehirns, sodaß es die Erinnerungen der Seele nicht mehr artikulieren kann. Die Interaktion zwischen dem Gedächtnis der Seele und dem Gehirn ist durch eine Erkrankung der Nerven im Bereich der Mikrotubuli gestört.

Beim Sterben von Dementen kann man kurz vor dem Tod, wenn die Seele beginnt sich vom Körper zu lösen, beobachten, dass sie wieder ganz klar denken. Im Jenseits ist das Bewusstsein samt Gedächtnis dann wieder schlagartig intakt.

Indem die Seele und damit das Bewusstsein an den Körper

gebunden wird, werden ihre Wahrnehmungen durch die Sinnesorgane des Körpers massiv eingeschränkt, sodaß wir nur noch das wahrnehmen können was die diesseitige Physik möglich macht.

Anhang

Klassische Physik, Quantenphysik, Materie und Bewusstsein.
Materie im Sinne der klassischen Physik, bestehend aus kleinsten Masseteilchen (Kügelchen) mit einer abgegrenzten Oberfläche, existiert nicht. Materie in diesem Sinne ist eine Sinnestäuschung.

Das Gefühl es gäbe eine abgrenzende Oberfläche von Materie entsteht durch die negative elektromagnetische Abstoßung der praktisch leeren Aufenthalts-Wahrscheinlich-keits-Räume der Elektronen in der Atomhülle. Dabei sind diese „Elektronen" in der Atomhülle keine kleinen Kügelchen. Sie treten als voneinander isolierte gequantelte elektromagnetische Energie-Niveaus auf.

Das Größenverhältnis der leeren Elektronen Hülle zum Atomkern entspricht dem Größenverhältnis einer Kathedrale zu einer Erbse. Die Elektronen besitzen im Verhältnis zum Proton (oder Neutron) des Atomkerns praktisch auch keine Masse. Nur der Atomkern hat Masse.

Ein Atom besteht also fast nur aus leerem Raum, mit einem winzigen Atomkern in dem die Masse des gesamten Atoms konzentriert ist.

Die Protonen und Neutronen sind jedoch auch keine kleinen Kügelchen mit glatter Oberfläche, sondern bestehen wiederum aus noch kleineren Energie-Bausteinen, die vor allem durch ihre energetischen Beziehungen zueinander beschrieben werden können.

134

Unsere Sinnesorgane täuschen im Wachzustand eine von unserem Bewusstsein <u>unabhängige</u> äußere Realität vor.

Daraus entsteht das Gefühl, das in den Upanischaden als „Getrenntheit" bezeichnet wird, also das Gefühl, welches entsteht, wenn die Seele im Wachen wie auch im Traum mit ihrem Geist die Dinge als außerhalb von sich selbst wahrnimmt.

Das was wir im Wachzustand für eine von uns unabhängige äußere Realität wahrnehmen ist nur das was unsere Sinnesorgane, hervorgerufen z.B. durch von außen auf uns einwirkende elektromagnetische Wellen oder Schallwellen, im Gehirn als Bild oder Ton entstehen lassen und was unser Bewusstsein sich dann anschaut. Zum Beispiel: Ein Ton existiert nicht in der Außenwelt, sondern nur in unserem Gehirn.

Jede Lebensform nimmt entsprechend ihrer unterschiedlichen Sinnesorgane eine andere Welt um sich herum wahr.

<u>Zwei Versuche der Quantenphysik</u> erklären bekannte Phänomene der Jenseitsforschung.

1. Der Doppelspaltversuch zeigt: Das Bewusstsein lässt die Materie entstehen.

2. Die Teilchenverschränkung zeigt: Es gibt einen „Nicht lokalen Raum" in dem die Gesetze der Physik nicht gelten.

Zu 1. Der Doppelspaltversuch und Bewusstsein
Siehe https://www.youtube.com/watch?v=3ohjOltaO6Y

Zum Verständnis des Doppelspaltversuchs ist es sinnvoll zuerst zu verstehen was geschieht, wenn man sandkorngroße Materieteilchen durch einen und dann zwei Spalten schießt und dahinter ein bildschirmartiges Messinstrument anbringt, das die Aufprallpunkte mechanisch oder fotografisch fixiert.

Wenn man die Materieteilchen durch einen Spalt schießt, sieht man auf dem Bildschirm ein Muster der Aufprallpunkte der Teilchen, das in etwa der Größe und Form dieses Spaltes entspricht. Es entsteht ein Streifen einzelner Aufprallpunkte mit scharf begrenzten Rändern.

Wenn man die Materieteilchen durch zwei parallele Spalten schießt, sieht man auf dem Bildschirm ein Muster der Aufprallpunkte der Teilchen, das in etwa der Größe und Form dieser beiden Spalten entspricht. Es entstehen zwei parallele Streifen einzelner Aufprallpunkte mit scharf begrenzten Rändern.

Die gleichen Experimente mit Licht.

Wiederholt man diese Versuche mit Licht, dann ist auf dem

136

Bildschirm etwas völlig anderes zu sehen. Das Licht verhält sich wie Wellen ähnlich wie Wasser.

Wenn man das **Licht** durch **einen** Spalt schickt dann entsteht hinter dem Spalt eine Lichtwelle, die sich ähnlich wie eine Wasserwelle nach allen Seiten ausbreitet. Die Intensität des Lichts ist in der Mitte des Spalts am größten. Das auf dem Bildschirm auftreffende Licht ist dort am hellsten, wo es genau in der Verlängerung der Mitte des Spalts auftrifft. Es entsteht ebenfalls ein Streifen auf dem Bildschirm der jedoch dem Sandkornmuster nur entfernt ähnelt. Man findet keine vielen Aufprallpunkte mit scharfer Begrenzung, sondern einen unscharfen Lichtstreifen. Die Mitte des Streifens ist am hellsten und die Helligkeit nimmt zu den Rändern hin ab.

Wenn man das **Licht** durch **zwei** Spalten schickt, dann entstehen auf dem Bildschirm jedoch keine zwei Licht Streifen, sondern ein sogenanntes **Interferenzmuster**. In der Mitte ein heller Lichtstreifen dann zu beiden Seiten hin ab wechselnd helle und dunkle Streifen, deren Intensität zum Rande hin abnimmt.

Erklärung: Hinter den beiden Spalten entstehen jetzt zwei unabhängige Wellen, die sich gegenseitig stören. Treffen auf dem Bildschirm zwei Wellenberge (oder Wellentäler) auf dieselbe Stelle verstärken sie sich, treffen Wellenberge auf Wellentäler, dann löschen sie sich aus. Dieses Phänomen beschreibt man auch als Überlagerung der Lichtwellen.

Die gleichen Experimente mit Elektronen.

Wenn man **einen Spalt** verwendet, verhalten die Elektronen sich wie Materieteilchen und es entsteht auf dem Bildschirm ein Streifen einzelner Aufprallpunkte mit scharf begrenzten Rändern.

Wenn man Elektronen durch zwei Spalten „schießt" erwartet man auf dem Bildschirm, wie bei den Sandkörnern zwei parallele Streifen einzelner Aufprallpunkte mit scharf begrenzten Rändern.

Überraschender Weise entsteht jedoch ein **Interferenzmuster ähnlich wie bei Wellen**. In der Mitte ein heller Streifen aus einzelnen Aufprallpunkten dann zu beiden Seiten hin ab wechselnd helle und dunkle Streifen mit Aufprallpunkten, deren Intensität zum Rande hin abnimmt.

Die Physiker suchten nun nach einer Erklärung dieses seltsamen Ergebnisses im Sinne der Klassischen Physik Newtons.

Sie vermuteten, dass sich die Elektronen hinter den Spalten in irgendeiner Weise gegenseitig so in ihrer Bahn stören, daß dieses Interferenzmuster resultiert. Also schossen sie die Elektronen in großem zeitlichem Abstand einzeln ab sodaß sie sich nicht gegenseitig auf ihrer Bahn berühren konnten.

Nach einer Stunde ergab sich jedoch wieder ein Interferenzmuster wie bei Wellen.

Die aufgetretene Überlagerung versuchte man durch ver-

138

schiedene Theorien zu verstehen. Zum Beispiel sagte man, das einzelne Elektron teilt sich vor dem Spalt geht durch beide Spalten. Hinter dem Spalt vereinigt es sich wieder, was zu einer Überlagerung führt. Mathematische Berechnungen führten zu noch verrückteren Möglichkeiten: Das Elektron geht durch beide Spalten und durch keinen und es geht erst durch einen Spalt und dann durch den anderen. Alle diese Möglichkeiten waren theoretisch gleichzeitig möglich.

Um zu klären was nun „wirklich da draußen" im Sinne der klassischen Physik geschieht, wollte man herausfinden durch welchen Spalt ein einzelnes Elektron geflogen ist. Man positionierte an einer der Spalten ein Messgerät mit dem man das Elektron beim Durchflug durch diesen Spalt messen konnte.

Das Ergebnis war erschreckend. Nur durch die Veränderung des Messverfahrens, am Versuch selbst wurde nichts verändert, ergab sich ein anderes Versuchs-Ergebnis. Jetzt verhielten die Elektronen sich wieder wie Teilchen. Auf dem Bildschirm entstanden anstelle des Interferenzmusters zwei Streifen mit einzelnen Aufprallpunkten.

Man erkannte, nachdem man viele weitere immer raffiniertere Versuche gemacht hatte um dieses Phänomen mit Hilfe der klassischen Physik zu erklären, daß dies nicht möglich ist. Die einzige Erklärung die blieb war, daß die Physiker durch die bewusste Auswahl ihrer Messmethoden das Ergebnis beeinflussten.

Ob ein Elektron bei einer Messung ein Teilchen oder eine Welle ist, ist von der bewussten Entscheidung des Physikers (oder der Physiker) abhängig der über die Messmethode entscheidet.

Wenn der Physiker nur einen Spalt benutzt, wählt sein Bewusstsein genau die Bedingungen aus, die Elektronen bei der Messung zu Teilchen werden lassen.

Wenn der Physiker zwei Spalten benutzt, wählt er, wieder durch sein Bewusstsein, die Bedingungen aus, die Elektronen bei der Messung zu Wellen werden lassen.

Wenn der Physiker an einem der beiden Spalten misst um heraus zu finden, wo die Elektronen durchtreten, dann verlegt er die Messung nach vorne und erschafft damit die gleichen Messbedingungen wie bei einem Spalt. Sein Bewusstsein zwingt dadurch die Elektronen sich wieder als Teilchen zu realisieren.

Die Realisierung Teilchen oder Welle findet nicht zwischen dem Spalt und der Mess-Vorrichtung statt, sondern erst bei der Messung selbst. Bis zur Messung sind die Elektronen weder das eine noch das andere, sie sind auch keine Mischung aus beiden Zuständen!
Aus diesen Versuchen folgt also:

Das Bewusstsein lässt die Materie entstehen.
oder die Materie ist eine Folge des Bewusstseins.

Das bedeutet nicht, daß es keine Materie gibt. Das bedeutet nur, daß die Materie durch das Bewusstsein Gottes und un-

140

ser Bewusstsein erschaffen wurde. Materie ist also keine Illusion, sondern real vorhanden. Ihre Existenz ist jedoch vom Bewusstsein abhängig.

Falsch ist es jedoch, daß unser Bewusstsein aus der Materie entsteht. So wie es der monistische Materialismus sieht, daß also Bewusstsein aus dem Zusammenspiel der Atome entsteht.

Daraus entsteht folgende zurzeit vorherrschende **Illusion**: Unsere Identifikation mit unserem diesseitigen Körper.

Also die durch den monistischen Materialismus enstehende Vorstellung, daß nicht nur unser Körper, sondern auch unser Bewußstein aus Materie besteht und damit sterblich ist.

Nicht die Materie ist eine Illusion, sondern unsere Identifikation mit der Materie ist eine Illusion.

Zu 2. Die Teilchenverschränkung ist instantan (= unmittelbar)

Die Verschränkung von zwei Teilchen bedeutet, daß die beiden Teilchen in ihrem physikalischen Verhalten voneinander abhängig sind. Solche Verschränkungen kann man durch Versuche künstlich erzeugen.

Zum Beispiel verhalten sich zwei verschränkte Elektronen wie folgt. Wird der Spin des einen Elektrons (Entstehung eines Magnetischen Feldes) gemessen, dann hat das andere sofort genau den entgegengesetzten Spin. Dieses

Verhalten im Moment der Messung tritt sofort (unmittelbar = instantan) ein, egal wie weit die verschränkten Elektronen voneinander entfernt sind. Vor der Messung sind die Zustände der verschränkten Teilchen unbestimmt. Das entspricht der gleichen Unbestimmtheit der Elektronen vor der Messung im Doppelspaltversuch. Im Moment der Messung sind die Zustände jedoch immer sofort exakt entgegengesetzt korreliert. Dabei findet keine Informationsübertragung im Diesseits statt. Eine solche Informationsübertragung vom einen zum andern Elektron wäre im diesseitigen dreidimensionalen „lokalen Raum" von der Lichtgeschwindigkeit abhängig und hätte damit diese als zeitliche Obergrenze. Das ist aber nicht der Fall. Man kam bei Messungen zwar auf einen Grenzwert der Geschwindigkeit der Informations-Übertragung mit einem mehrfachen der Lichtgeschwindigkeit, das lag jedoch an der technischen Obergrenze der Messgeräte. Die Informationsübertragung verschränkter Teilchen ist also unmittelbar = instantan. Dies kann nur über die Existenz eines, parallel zum „lokalen" diesseitigen Raum existierenden sogenannten „nicht lokalen Raums" in dem die Gesetze der Physik nicht gelten, erklärt werden.
Dieser „nicht lokale Raum" kann dem Begriff „Jenseits" gleichgesetzt werden.

Einstein, der das im Jahr 1935 als erster theoretisch klar herausarbeitete (Einstein-Podolsky-Rosen-Paradoxon), schloss daraus, dass die Quantenmechanik noch kein zutreffendes Bild (im Sinne der klassischen Physik) von der

142

physikalischen Realität geben könne, denn an eine - so wörtlich - „spukhafte Fernwirkung", mit der die Messung an einem Teilsystem das Ergebnis der Messung am anderen beeinflussen könnte um die Korrelationen zu erzeugen, wollte er nicht glauben. Mittlerweile ist die instantane Verschränkung von Teilchen jedoch in unzähligen Versuchen immer wieder nachgewiesen worden und als eine Realität von den Physikern akzeptiert worden.

Zitate berühmter Physiker, Quantenphysiker und Wissenschaftler

Isaac Newton und die klassische Physik
(1643 bis 1726 v.Ch.)

leitet die rein materielle Sichtweise des „monistischen Materialismus ein". Es gibt nur Materie. Das Bewusstsein entsteht aus dem Zusammenspiel der Atome.

Trotzdem sagt er: "Die wunderbare Einrichtung und Harmonie des Weltalls kann nur dem Plane eines allwissenden und allmächtigen Wesens zustande gekommen sein. Das ist und bleibt meine letzte und höchste Erkenntnis."

Rückkehr zum monistischen Idealismus durch Quantenphysiker und andere Wissenschaftler im 20sten Jahrhundert:

Niels Bohr:
"Wer über die Quantentheorie nicht entsetzt ist, hat sie möglicherweise nicht verstanden."

Max Planck:
„Als Physiker, der sein ganzes Leben lang der nüchternen Wissenschaft, der Erforschung der Materie diente, bin ich sicher von dem Verdacht frei für einen Schwarmgeist gehalten zu werden. Und so sage ich nach meinen Erforschungen des Atoms folgendes: Es gibt keine Materie an sich!

Alle Materie entsteht und besteht nur durch eine Kraft, welche die Atomteilchen in Schwingung bringt und sie zum winzigsten Sonnensystem zusammenhält.

Da es im ganzen Weltall aber weder eine intelligente noch eine ewige (abstrakte) Kraft alleine gibt, so müssen wir hinter dieser Kraft einen bewussten intelligenten Geist annehmen. Dieser Geist ist der Urgrund aller Materie. Nicht die sichtbare, aber vergängliche Materie ist das Reale, Wahre, Wirkliche, sondern der unsichtbare unsterbliche Geist ist das Wahre.

Da es aber Geist an sich nicht geben kann und jeder Geist einem Wesen zugehört, so müssen wir zwingend Geistwesen annehmen.

Da aber auch Geistwesen nicht aus sich selbst sein können, sondern geschaffen worden sein müssen, so scheue ich mich nicht, diesen geheimnisvollen Schöpfer ebenso zu nennen, wie ihn alle alten Kulturen der Erde früherer Jahrtausende genannt haben: Gott. "

Albert Einstein:
"Wissenschaft ohne Religion ist lahm, Religion ohne Wissenschaft blind."

Werner Heisenberg:
"Der erste Trunk aus dem Becher der Naturwissenschaft macht atheistisch; aber auf dem Grund des Bechers wartet Gott."

Zitate anderer Physiker und Wissenschaftler:

Prof. Hans Peter Dürr, ehemaliger Leiter des Max-Planck-Instituts für Physik in München:

"Ich habe mein ganzes Forscherleben damit verbracht, zu fragen, was hinter der Materie steckt. Am Ende gilt: Es gibt keine Materie (im klassischen Sinn)!"

Dr. Christian Hellweg (Physik und Medizin Studium) vom Max-Planck-Institut für biophysikalische Chemie in Göttingen:

„Was wir Diesseits nennen, ist im Grunde die Schlacke, die Materie, also das was greifbar ist. Das Jenseits ist alles Übrige, die umfassende Wirklichkeit, dass viel Größere. Das, worin das Diesseits eingebettet ist. Insofern ist auch unser gegenwärtiges Leben bereits vom Jenseits umfangen."

Prof. Eugene Paul Wigner (Nobelpreis in Physik):

„Es ist das Bewusstsein, das aus der Quantenunschärfe die klare Realität macht. Die Quantentheorie beweist die Existenz eines universellen Bewusstseins".

Quellennachweis geordnet nach Forschungsgebieten

Die nach meiner Meinung interessantesten Bücher habe ich dick und schräg markiert.

<u>Das Umfassendste und neuste:</u> Johann Nepomuk Maier, Buch und DVD. Illusion Tod. Untertitel: Ewiges Bewußtsein aus Wissenschaftlicher Sicht. 1.Auflage August 2017.

1.Nahtod-Erfahrungen.

Dr. Raymond A. Moody, Leben nach dem Tod. Die Erforschung einer unerklärlichen Erfahrung
1.Auflage 1977
Dr. Raymond A. Moody, Nachgedanken über das Leben nach dem Tod 1.Auflage 1978
Dr. Raymond A. Moody, Das Licht von drüben
1.Auflage 1989

Dr. med. Eben Alexander, Blick in die Ewigkeit 5.Auflage 2016 und die gleichnamige DVD. Dr. Alexander im Gespräch mit Dr. Moody
Dr. med. Eben Alexander, Vermessung der Ewigkeit
1.Auflage 2015

Pim van Lommel, Endloses Bewusstsein. Neue medizinische Fakten zur Nahtoderfahrung. 6.Auflage 2009

Dr. Jeffrey Long mit Paul Perry Beweise für ein Leben nach dem Tod

Alois Serwaty und Joachim Nicolay: Nahtod-Erfahrung – Neue Wege der Forschung 2008

Dr. med. Lothar Hollerbach Es gibt keinen Tod 2.Auflage 2014

Gerald F. Rubisch. Abenteuer Jenseits. Nahtoderfahrungen und wie das Leben danach weitergeht. 1.Auflage 2013.

M.Schröder-Kunhardt. Erfahrungen Sterbender während des klinischen Todes. Aus der Zeitschrift TW Neurologie Psychiatrie, Autoren Sonderdruck. Seite 132-140, neunter Jahrgang 1995

Erforschung der Gotteskontakte bei Nahtod-Erfahrungen.

Dr. Jeffrey Long mit Paul Perry Neue Beweise für ein Leben nach dem Tod. Erforschung der Gotteskontakte. 1.Auflage 2017

2.Nachtod-Kontakte

Bernard Jakoby. Begegnungen mit dem Jenseits. Zum Phänomen der Nachtod- Kontakte. 5.Auflage 2013

148

3. Reinkarnationsforschung.

Prof. Ian Stevenson. Reinkarnation. Der Mensch im Wandel von Tod und Wiedergeburt. 20 überzeugende und wissenschaftlich bewiesene Fälle von Reinkarnation. 2003.

Dieter Hassler. Indizienbeweise für ein Leben nach dem Tod und die Wiedergeburt.
Band 1: Spontanerinnerungen kleiner Kinder an ihr „früheres Leben". 2011
Band 2a: Rückführungen in „frühere Leben" und deren Nachprüfung. 2015
Band 2b: Rückführungen in „frühere Leben" und deren Nachprüfung. 2015

4. Erforschung vorgeburtlicher Lebensplanung mittels Rückführungsprotokollen.

Ralf Dahmen. Menschen sterben Seelen nie. Die Existenz und Unsterblichkeit der Seele. 2014.

Edelgard Friedrich. Waren wir verabredet? Wie Kinder ihre Eltern wählen. 2.Auflage 2013.

Marie-Claire van der Bruggen. Das Märchen vom Tod. 6.Auflage 2017

5. Berichte aus dem Jenseits
über sogenannte Medien.

Beat Imhof. Wohin unsere letzte Reise geht. Die Rückkehr in die jenseitige Heimat. 1.Auflage 2018

Anthony Borgia. Das Leben in der unsichtbaren Welt. 10. Auflage 2016

Anthony Borgia. Begegnungen in der unsichtbaren Welt. 1.Auflage 2016

Beatrice Brunner. Was uns Erwartet. 12 Erlebnisberichte aus dem Jenseits. 1. Auflage 2017.

Till Ahrend Mohr. Wie auf Flügeln des Adlers. Von guten Mächten sicher geführt.

6. Das Wissen über das Bewußtsein, das Jenseits, Reinkarnation und die Schöpfung aus den Schriften der vedischen Hochkultur Indiens.
Bhagavad Gita und die Upanischaden.

Armin Risi. Gott und die Götter. Das Mysterienwissen der vedischen Hochkultur. 9. Auflage Oktober 2015

Armin Risi. Unsichtbare Welten. Kosmische Hierarchien und die Bedeutung des menschlichen Lebens. 8. Auflage Januar 2017

Egnath Easwaran. Die Upanischaden. Arthur Schopen-
hauer: Die lohnendste und erhebendste Lektüre, die auf
der Welt möglich ist. 8. Auflage 2008

Egnath Easwaran. Die Bhagavad Gita. Die Quelle der in-
dischen Spiritualität. 6. Auflage 2012.

**7. Das Wissen über das Jenseits, Nahtod-Erfahrun-
gen und Reinkarnation in der europäischen Philosophie und Geschichte.**

Platon. Das Höhlengleichnis und der Staat

Horst Seidel. Aristoteles Metaphysik in 2 Bänden.
3.Auflage 1989

Marion Giebel. Reclam. M. Tullius Cicero. Laelius Gespräche über Freundschaft. Cato der Ältere über das Alter.
Scipios Traum und die Freiheit der Seele.

Lenelotte Möller und Manuel Vogel. Die Naturgeschichte
des Gaius Plinius secundus. Band 1 und Band 2. 2007

Gerhard Wehr. Mechthild von Magdeburg. „Das fließende
Licht der Gottheit". 2010.

Gerhard Wehr. Meister Eckhart. 2.Auflage 2015

Dante Alighieri. Die Göttliche Komödie.

Rudolf Steiner. Einführung in die Anthroposophie. Ausgewählte Texte. Herausgegeben von Walter Kugler. 2006

8. Quantenphysik und Bewusstsein

Werner Huemer. Unsterblich?! Gute Gründe für ein Leben nach dem Tod. 1.Auflage 2015 und die gleichnamige DVD.

Manjit Kumar. Quanten. Einstein, Bohr und die große Debatte über das Wesen der Wirklichkeit. 1.Auflage 2009.

Amit Goswami. Das bewusste Universum. Wie Bewusstsein die materielle Welt erschafft. Originalausgabe 1993.

Ulrich Warncke. Die geheime Macht der Psyche. Quantenphilosophie: Die Renaissance der Urmedizin. 2.Auflage 2015.
Manfred Bauer. Gott – Geist – Nichts. Über die Einheit von Wissenschaft, Philosophie und Religion und den Sinn des Lebens.

Rolf Fröböse Die geheime Physik des Zufalls. Quantenphänomene und Schicksal – kann die Quantenphysik paranormale Phänomene erklären?

Illobrand von Ludwiger. Unsterblich in der 6-Dimensionalen Welt. Das neue Weltbild des Physikers Burkhard Heim. 2.Auflage 2013

Burkhard Heim. Mensch und Welt. Der kosmische Erlebnisraum des Menschen. Der Elementarprozess des Lebens. Postmortale Zustände? 2.Auflage 2012.

9. Wahrscheinlichkeitsrechnung und Kritiken an Darwins Evolutionstheorie.

Armin Risi. Evolution. Stammt der Mensch von den Tieren ab? 2. Auflage Nov.2014

Hans Joachim Zillmer. Darwins Irrtum. 10. Auflage 2011.

10. Kritiken an der Organtransplantation.

Werner Huemer. Unsterblich?! Gute Gründe für ein Leben nach dem Tod.
Kapitel: Die ewige Angst vor dem Tod und das Interview mit Anna Bergmann bis Seite 48.

Anna Bergmann, Ulrike Baureithel. Herzloser Tod – Das Dilemma der Organspende. Ausgezeichnet als das Wissenschaftsbuch des Jahres 2000. Evtl. Antiquarisch.

11. Erfahrungsberichte und Theorien über die Existenz von Naturwesen.

Jürgen Pfaff. Das Buch der Naturwesen.
2.Auflage Mai 2019

Margot Ruis. Naturwesen. Begegnungen mit Freunden des Menschen.

Margot Ruis. Naturwesen und Erdheilung.

12. Forschungen über das Leben des historischen Jesus.

Prof. Robert Eisenman und Prof. Michael Wise. Jesus und die Urchristen. Die Quamran-Rollen entschlüsselt. 1.Auflage 1993.

Reinhard Nordsieck. Das Thomas Evangelium. Zur Frage des historischen Jesus. 4.Auflage 2014.

Elaine Pagels. Das Geheimnis des fünften Evangeliums: Warum die Bibel nur die halbe Wahrheit sagt. Mit dem Text des Thomas Evangeliums. 2004.

Manfred Bauer. Jesus im neuen Licht. Mit einem ausführlichen Kapitel über das Turiner Grabtuch. 2016.

Nicolas Notovitch. Das unbekannte Leben Jesu. 1.Auflage 2006.

Siegfried Obermeier. Starb Jesus in Kaschmir? Das Geheimnis seines Lebens und Wirkens in Indien. 2.Auflage 1983.

Holger Kersten. Jesus lebte in Indien. Sein geheimes Leben vor und nach der Kreuzigung. 5.Auflage 2001.

Paramahansa Yogananda. Der Yoga Jesu. „Sehet das Reich Gottes ist inwendig in euch". Einblick in die verborgenen Lehren der Evangelien. 2.Auflage 2011.

13. Theorien über den Ursprung, die Entwicklung und die Altersunterschiede menschlicher Seelen.

Website: Seele-Verstehen/Seelenentwicklung/Seelenalter

14. Theorien über die Entwicklung des menschlichen Bewusstseins basierend auf archäologischen Funden.

Theodor Abt. Göbekli Tepe. Kulturelles Gedächtnis und das Wissen der Natur. Zeitschrift für orientalische Archäologie 7, Seite 90-124. 2014